企业信息化投资决策模型与方法研究

QIYE XINXIHUA
TOUZI JUECE MOXING YU FANGFA YANJIU

卢山　著

首都经济贸易大学出版社
Capital University of Economics and Business Press
·北京·

图书在版编目(CIP)数据

企业信息化投资决策模型与方法研究/卢山著. —北京:首都经济贸易大学出版社,2017.9

ISBN 978 -7 -5638 -2710 -7

Ⅰ.①企… Ⅱ.①卢… Ⅲ.①企业信息化—投资决策—决策模型—研究 ②企业信息化—投资决策—决策方法—研究 Ⅳ.①F270.7 ②F275.1

中国版本图书馆 CIP 数据核字(2017)第 236350 号

企业信息化投资决策模型与方法研究

卢山 著

责任编辑 刘元春 田玉春

封面设计 风得信·阿东 FondesyDesign

出版发行 首都经济贸易大学出版社

地 址 北京市朝阳区红庙(邮编 100026)

电 话 (010)65976483 65065761 65071505(传真)

网 址 http://www.sjmcb.com

E - mail publish@cueb.edu.cn

经 销 全国新华书店

照 排 北京砚祥志远激光照排技术有限公司

印 刷 人民日报印刷厂

开 本 710 毫米×1000 毫米 1/16

字 数 192 千字

印 张 11

版 次 2017 年 9 月第 1 版 2017 年 9 月第 1 次印刷

书 号 ISBN 978 -7 -5638 -2710 -7/F·1513

定 价 38.00 元

前　言

本书以企业信息化投资为研究目标，结合企业信息化投资分配的特点，构建了企业信息化投资决策的框架与模型。企业可以通过企业间信息化投资竞争模型研究信息化投资的必要性，运用企业信息化投资时间决策模型解决信息化投资的时机问题，采用企业信息化投资分配模型解决企业内部资源合理分配问题。该研究通过对企业信息化升级投资进行评价与判断，建立了企业信息化升级研究的理论基础，可解决企业在信息化升级过程中的投资决策问题。这些理论和方法的应用可以帮助企业选择合理的升级时机，为企业确定更加适合的升级投资策略，避免因盲目升级所带来的损失，保障企业信息化升级成功。本书的研究工作主要从以下几个方面进行。

1. 构建企业集团间信息化投资竞争模型。运用期权博弈理论进行信息化投资决策，建立了双寡头垄断竞争模型，并用数值模拟的方法得到了公司的最优投资策略。

2. 构建企业信息化投资时间决策模型。从信息化绩效评估的角度出发，建立基于分位数回归模型的时间域选择模型。该模型充分考虑了信息化投资的波动性、不确定性和收益的隐含性、多样性与无形性，并提出了以专家审核的方式降低绩效水平评估中非信息化因素的影响，从而提高模型与信息化之间的相关性。

3. 构建企业信息化投资分配的二层规划模型。在该模型中，上层公司以集团整体的销售收入最大化作为目标，下层公司以自身的销售收入最大化作为目标。并且，在该上下层博弈过程中，应该以上层公司的销售收入最大值为第一目标，但与此同时，必须在此范围内能够使下层公司的销售收入实现最大化。研究证实，该模型更符合企业的真实情况。

4. 改进粒子群算法。传统的粒子群优化算法在处理复杂函数时，经常会出现计算速度比较慢、易陷入局部极值等问题，为此本书提出了惯性权重调整的粒子群优化算法——一种通用的求解二层规划模型问题的 BLOPSO 算法，通过实验仿真进行分析，并将其应用到二层规划问题的上下两层求解过程中。

表索引

表 2.1　期权博弈理论主要应用领域 …… 30

表 3.1　变量初始值 …… 53

表 4.1　绩效水平评价指标的测算方式 …… 60

表 4.2　绩效水平评价指标的相关性分析 …… 69

表 4.3　信息化平均收益的传统回归模式分析结果 …… 69

表 4.4　信息化平均成本的传统回归模式分析结果 …… 70

表 4.5　变量的正态性检验结果 …… 70

表 4.6　信息化平均收益传统回归模式二的分位回归优化模型的分析结果 …… 75

表 4.7　信息化平均成本传统回归模式二的分位回归优化模型的分析结果 …… 77

表 4.8　$\tau=0.5$ 分位水平下，平均成本与收益的估计结果 …… 79

表 5.1　维度 $D=2$ 测试结果 …… 118

表 5.2　维度 $D=10$ 测试结果 …… 119

表 6.1　信息化资金预测表 …… 134

表 6.2　迭代次数为 500～10 000 次时上层的最优解 …… 139

表 6.3　迭代次数为 10 000 次时下层的最优解 …… 139

图索引

图 1.1　研究框架与技术路线 ………… 7
图 3.1　企业 i 的价值函数图 ………… 54
图 3.2　企业 j 的价值函数图 ………… 55
图 4.1　平均收益随时间变化曲线 ………… 62
图 4.2　平均成本曲线随时间变化曲线 ………… 65
图 4.3　Q 水平下，平均成本、平均收益随时间之间的变化曲线 ………… 67
图 4.4　调查样本地区分布 ………… 68
图 4.5　信息化平均收益的分布直方图 ………… 71
图 4.6　信息化运营时间的分布直方图 ………… 72
图 4.7　信息化平均成本的分布直方图 ………… 72
图 4.8　平均收益之分位数回归的分析结果 ………… 76
图 4.9　平均成本之分位数回归的分析结果 ………… 78
图 4.10　不同能力成熟度水平下平均收益变化 ………… 79
图 4.11　不同能力成熟度水平下平均成本变化 ………… 80
图 4.12　综合平均收益与平均成本的变化（$Q=3$） ………… 81
图 5.1　粒子群算法优化搜索示意图 ………… 102
图 5.2　粒子位置更新示意图 ………… 103
图 5.3　gbest 模型 ………… 104
图 5.4　lbest 模型 ………… 105
图 5.5　基本粒子群算法流程图 ………… 106
图 5.6　Griewank 函数 ………… 107
图 5.7　Rastrigin 函数 ………… 108
图 5.8　Schaffer 函数 ………… 108

图 5.9　Ackley 函数 …… 109
图 5.10　Rosenbrock 函数 …… 109
图 5.11　惯性权重变化曲线 …… 110
图 5.12　惯性权重变化曲线 …… 111
图 5.13　惯性权重变化曲线 …… 112
图 5.14　维度 $D=2$ 测试 …… 113
图 5.15　维度 $D=10$ 测试 …… 114
图 5.16　维度 $D=2$ 测试 …… 114
图 5.17　维度 $D=10$ 测试 …… 115
图 5.18　维度 $D=2$ 测试 …… 115
图 5.19　维度 $D=10$ 测试 …… 116
图 5.20　维度 $D=2$ 测试 …… 116
图 5.21　维度 $D=10$ 测试 …… 117
图 5.22　维度 $D=2$ 测试 …… 117
图 5.23　维度 $D=10$ 测试 …… 118
图 5.24　基于惯性权重策略的二层规划 BLOPSO 算法流程图 …… 124
图 6.1　有效问卷来源 …… 131
图 6.2　10 个行业的企业信息化管理水平 …… 132
图 6.3　500 次迭代 F^* 散点图 …… 137
图 6.4　1 000 次迭代 F^* 散点图 …… 138
图 6.5　5 000 次迭代 F^* 散点图 …… 138
图 6.6　10 000 次迭代 F^* 散点图 …… 139

目 录

1 引言 …… 1
1.1 研究背景 …… 3
1.2 研究的目的与意义 …… 4
1.3 研究框架与研究方法 …… 6
1.4 研究内容 …… 8

2 文献综述与现状分析 …… 11
2.1 企业信息化建设的理论研究 …… 13
2.1.1 企业信息化建设的起源 …… 13
2.1.2 企业信息化建设的发展 …… 16
2.2 企业信息化投资决策的理论研究现状 …… 22
2.2.1 基于财务方法的企业信息化投资决策 …… 22
2.2.2 基于非财务方法的企业信息化投资决策 …… 25
2.2.3 企业信息化投资决策的其他理论研究 …… 27
2.3 期权博弈理论与应用研究现状 …… 27
2.3.1 期权博弈理论的研究 …… 28
2.3.2 期权博弈理论应用的研究 …… 29
2.4 企业信息化投资时间决策与绩效评估的研究现状 …… 31
2.4.1 企业信息化投资的时间决策 …… 31
2.4.2 企业信息化投资的绩效评估 …… 32

2.5 企业信息化投资分配方面的研究 …… 34
2.5.1 二层规划理论 …… 34
2.5.2 粒子群算法 …… 36
2.6 本章小结 …… 38

3 企业间信息化投资竞争模型分析 …… 41
3.1 信息化投资的期权博弈理论研究 …… 43
3.2 基本假设和参数设定 …… 45
3.3 价值函数与投资临界值 …… 48
3.3.1 跟随者的价值函数和投资临界值 …… 48
3.3.2 领先者的价值函数和投资临界值 …… 50
3.4 实证分析 …… 52
3.5 本章小结 …… 56

4 企业信息化投资时间决策模型分析 …… 57
4.1 投资时间域选择的必要分析 …… 59
4.2 绩效水平评价的参数设定确立 …… 60
4.3 企业信息化投资时间选择模型建立 …… 61
4.4 模型优化与实证研究 …… 67
4.4.1 数据预处理 …… 67
4.4.2 基于分位数回归理论的模型优化 …… 73
4.4.3 实证分析 …… 74
4.5 本章小结 …… 81

5　基于二层规划理论的信息化投资分配模型研究 …………………… 83
5.1　研究背景 ………………………………………………………… 85
5.2　二层规划理论 …………………………………………………… 86
5.2.1　二层规划的基本性质及理论 ………………………………… 86
5.2.2　二层规划的求解 ……………………………………………… 88
5.3　模型与算法设计 ………………………………………………… 100
5.3.1　模型构建 ……………………………………………………… 100
5.3.2　基于惯性权重改进的粒子群优化算法 ……………………… 101
5.3.3　粒子群算法权重改进的策略研究 …………………………… 107
5.4　三种权重改进策略的测试 ……………………………………… 113
5.4.1　Griewank 函数三种策略测试进化曲线 ……………………… 113
5.4.2　Rastrigin 函数三种策略测试进化曲线 ……………………… 114
5.4.3　Schaffer 函数三种策略测试进化曲线 ……………………… 115
5.4.4　Ackley 函数三种策略测试进化曲线 ………………………… 116
5.4.5　Rosenbrock 函数三种策略测试进化曲线 …………………… 117
5.4.6　三种权重改进策略测试结果与结论分析 …………………… 118
5.5　求解二层规划模型的改进粒子群算法 ………………………… 120
5.5.1　算法的思路与设计 …………………………………………… 121
5.5.2　算法的流程步骤 ……………………………………………… 122
5.6　本章小结 ………………………………………………………… 125

6　企业信息化投资决策的案例研究 ………………………………… 127
6.1　问卷调查背景介绍 ……………………………………………… 129
6.2　A 公司介绍及二层规划模型建立 ……………………………… 133
6.3　二层规划模型求解 ……………………………………………… 137

6.4 分析和总结 …… 140
6.5 本章小结 …… 141

7 结论与展望 …… 143
7.1 结论 …… 145
7.2 主要创新点 …… 147
7.3 展望 …… 147

附　　录 …… 149

参考文献 …… 151

1 引言

1.1 研究背景

信息技术不断进步，持续地推动着世界经济向前发展，并且已成为企业持续快速发展的一个重要平台和企业运作与管理的手段。在经济全球化的新的经济贸易体系下，企业之间的竞争突破了国界。在激烈的市场竞争面前，国内和国外企业为了提高企业的管理水平和竞争力，迫切需要整合各种资源，进而提高运营效率和管理水平，以信息系统为核心的信息化建设已经成为企业获取竞争优势的主要方法。

在信息化系统建设的道路上，虽然企业已经迈出了一大步，但是接踵而来的问题却困扰着企业。在企业信息化已成为必然选择的时代，存在一些问题使得许多企业驻足不前。这些问题主要有以下几方面。

第一，企业信息化升级投资的“黑洞”问题。企业在信息化升级上的投资没有达到预期的目标，反而出现了生产力下降的问题，企业信息化升级的投资与企业信息化实际生产的结果完全不匹配，产生巨大的落差，这种现象被研究者称为“生产率悖论”或者“黑洞”问题。在信息化的过程中，企业在信息技术方面的高额投资被“黑洞”无情地吞噬。

第二，企业信息化项目建设的“泥潭”现象。企业管理者在进行信息化项目建设时，投入大量资金采购先进的技术和设备，盲目地开发只适用于本企业的信息化系统，但在运营管理等方面却跟不上变化，这就使企业陷入屡遭失败而难以自拔的境地。目前尚未形成一套可靠的标准，使得许多企业在进行信息化建设的过程中无法找准自己的定位，也因此深陷“泥潭”难以继续实施。

第三，企业信息化管理控制的“黑箱”现象。企业管理者已经意识到要增强企业的国际竞争能力、提升企业的国际价值，在信息化方面的投入必须放在首要位置，但由于缺乏相关知识，导致管理控制体系缺失，“黑箱”使得信息化系统运营缺乏规划，企业信息化运营脱离了企业实际需求，导致失效。

另外，由于企业信息化发展具有从低级阶段向高级阶段发展的阶段性特征，相对于其他领域的投资而言，企业信息化投资具有阶段性特征所决定的独特范畴和内容，具体包括与信息化某一阶段相对应的具体投资对象的确定以及信息化升级投资中的选择取向等。投资失败原因有很多：首先，不同资源在不同时期的作用是不同的，有大小和程度的差别；其次，对信息化升级中的阶段性把握不足。例如，企业不具备相应的信息化条件或能力，决策者却依照条件或能力成熟的情况做出投资决策，结果信息化项目达不到预定目标或实施效果差，最终导致失败。在企业具备相应的信息化条件或能力后，选择合适的升级时间就成了重点：企业过早地进行信息化升级投资，不仅不能提高企业的生产力，而且存在较大的投资失败风险；过晚地进行信息化升级投资，可能会错过新版本信息技术所能提供的竞争力。当企业具备相应的信息化条件或能力，同时也达到了最佳的升级投资时间域时，若决策者低估了企业的信息化建设水平，选择在已经相当完善的领域或非重点领域进行投资，就会造成有限资源的浪费。

以目前现有企业信息化投资方面存在的上述问题作为研究重点，分别以期权博弈理论研究分析企业信息化升级投资决策中投资必要性的问题，以分位数回归的研究方法分析企业信息化升级投资决策问题，以二层规划和粒子群的研究方法分析企业信息化的升级投资取向问题，从而为企业进行信息化投资决策提供科学、全面、可靠的依据。

1.2 研究的目的与意义

随着信息技术的飞速发展，社会各领域各方面的信息化进程急速推进，信息技术成为重要平台和手段。在经济全球化的新商业环境下，企业迫切需要整合各方面的资源来提高运营效率和管理水平，而以信息系统为核心的信息化建设能够帮助企业尽快地取得领先地位。现实中信 息化建设的状况不容乐观，国外许多信息化投资并没有收到预期的成效，出现了所谓的信息技术“效率悖论”现象。ORACLE 甲骨文公司曾说过：“在发达国家实施 ERP 的成功率也只有 20%，而中国的成功率更低。”根据资料统计，我国目前已导入物资需求计划（MRP）和企业资源计划（ERP）的企业，全面成功完成系统实施的只有10%～20%，部分应用成功的30%～40%，约50%的企业信息系统建设失败。在当今信息化建设势在必行的环境下，如何减少或避免信息技术“投资黑洞”的问题一直困扰着企业管理者；同时，如何科学合理地进行信息化投资从而获取更大的投资总体收益也是学界探讨的热点。

信息化投资是一个复杂的实践问题，不仅涉及投资的各相关要素，还要考虑投资者与被投资者之间的协商、博弈以及多层投资的问题。信息化投资过程中存在着两个关键环节。第一个环节是投资者如何确定针对投资对象的重要性程度倾向，即如何决定信息化投资的选择取向，是将每一个对象都纳入考虑范围且平均分配资源还是选择放弃某些投资对象不予投资。由于投资对象在重要程度、发展水平和资质等方面存在差异，前一种方式显然不科学，后一种方式也不是合理且可行的。考虑到企业发展的整体性，将每一个对象都纳入考虑范围且区分出不同的投资力度是科学可行的做法。第二个环节是怎样投资的问题，即在投资过程中采取何种策略分配有限的信息化资源。

大量资料表明，企业信息化投资在上述两个环节都表现出盲目性。尤其需要指出的是，选择取向是投资者决定怎么分配资源的前提，而选择取向的盲目性往往是信息化建设失败的首要症结。将信息化投资的选择取向作为一个重点和难点问题进行探究，具有重大的实践价值。本书中的选择取向是指投资者通过考量投资对象的相关要素而形成的针对多个投资对象的重要性程度或投资优先级。

选择取向的确定是企业信息化升级投资决策的首要关键环节，从某种意义上来讲，其对投资效果的影响比采取何种策略分配资源对投资效果的影响还要大。有鉴于此，本书拟首先确定信息化升级投资的选择取向，即针对投资对象的投资重要程度或优先级，然后将该投资重要程度或优先级作为以后投资者采用何种策略分配资源的权重参考。那么，投资者如何确定针对投资对象的投资重要程度或优先级呢？这需要对投资对象的相关要素进行考察。实践和理论表明，相关要素往往不止一种，且在不同的情景下，具体涉及哪些要素可能还存在着差异。不过，企业在哪个时间段里最适宜进行信息化升级（要在适宜的时间段内做出相应的信息化投资）是一个重要的考量指标，即需要确定企业信息化升级的最佳时间段。

本书正是针对企业信息化升级中阶段性把握不足这一问题，以企业信息化的升级为背景，探讨信息化投资的选择取向和资源分配问题。信息化升级是指随着企业信息化建设的深入发展，信息化水平从低级阶段向高级阶段跃升。本书中提出的方法和技术可以辅助决策者更合理地做出针对投资对象的重要程度倾向的决策，可以帮助企业更科学地分配信息化资源，以获得最优的总体投资回报收益，进而提高企业的竞争优势。

1.3　研究框架与研究方法

本书运用探索问题导向研究与方法导向研究相结合的研究方式，以企业信息化能力成熟度模型（EICMM）的研究为依据，构建企业信息化投资决策的框架与模型，对企业信息化升级过程中的三个关键问题分别开展研究。拟采用的研究框架与技术路线如图 1.1 所示。研究方法如下。

第一，文献研究。本书查阅了企业信息化的意义、企业信息化的发展阶段特点、企业信息化升级投资的选取、企业信息化资源分配等研究的相关文献资料，追踪国际、国内学者对上述问题的理论研究进展、以往研究者在该项研究中得到的各项成果，并在此基础上建立总体研究框架，为进一步的探索和创新奠定基础。

第二，问卷调查。编制了有关企业信息化状况、企业信息化投资情况的问卷，通过网络调查公司发放调查问卷收集数据，保证重要数据的获取与分析，以进行实证研究。

第三，数理统计。通过问卷调查和组织信息化真实数据调研的方法获取本书所需全部数据，先对数据进行清理，保留有效数据；然后采取因子分析和聚类分析，对数据进行分类汇总；再利用统计分析软件实现。

第四，评价理论。借鉴企业信息化成熟度模型（enterprise informatization capability maturity model，EICMM）的研究方法，分析并评估企业当前信息化

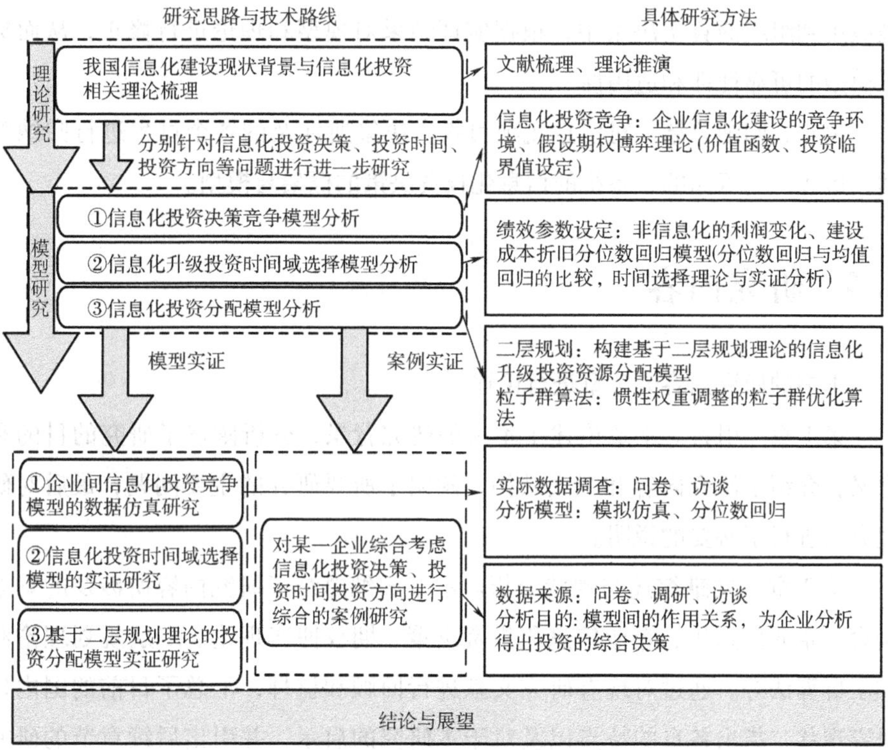

图 1.1　研究框架与技术路线

所处的能力成熟度等级，同时收集企业在信息化过程中的重要历史数据，建立本书的数据存储。除此以外还要明确信息化升级投资决策的关键问题——资源分配模型和实现方法的探究。

第五，期权博弈。充分考虑项目价值的不确定性以及项目投资所面临的竞争环境，将实物期权理论与博弈论相结合，初步构建针对企业信息化项目的投资选择模型。

第六，分位数回归的方法。以现有项目投资回报率的分析为基础，结合企业投资规模经济效益理论，形成合理的信息化投资时间决策模型，采用规模经济学中的成本效益理论分析信息化项目投资的最佳选择时间。

第七，实证分析。通过对研究对象大量的观察、实验和调查，获取客观材料，归纳出事物的本质属性和发展规律，同时将本书建立的信息化投资模型应用到组织的真实决策中，根据实证结果对模型和理论进行修正，从而提升模型的可靠性性和适用性。

第八，归纳总结。对信息化项目投资决策所涉及的各个过程进行归纳整理，形成一套可循的、系统的信息化投资决策的框架与模型。

1.4 研究内容

本书的研究内容分7章进行论述。

第1章 引言。本章论述了本书的研究背景；分析阐述了研究的目的和意义；介绍了研究内容和行文结构，阐明了所要研究的主要问题；最后对研究方法进行了必要的说明。

第2章 文献综述与现状分析。本章归纳总结了研究内容所涉及的基本概念：企业信息化、企业信息化投资决策、期权博弈理论、二层规划理论和粒子群算法等。通过对现有研究文献进行回顾和梳理，汇总了目前的国内外研究现状，指出各自的特点以及对于本研究的启示，并引出后续章节的研究内容。

第3章 企业间信息化投资竞争模型分析。本章主要研究处于竞争阶段的企业集团间信息化投资问题，确定处于竞争的两个企业集团各自合理的投资策略；运用期权博弈理论进行信息化投资决策，建立双寡头垄断竞争模型，并用数值模拟的方法得到公司的最优投资策略。

第4章 企业信息化投资时间决策模型分析。本章主要研究如何科学合理地选择企业信息化升级的时机；本章采用分量回归的分析方式分析企业信息化升级问题，在传统的绩效评估模型中加入时间变量，最终解决信息化升级投资时间域的选择问题。

第5章 基于二层规划理论的信息化投资分配模型研究。本章主要研究采取二层规划理论解决企业信息化投资资源分配的问题，将二层规划理论引入企业集团的投资决策过程中，构建以企业集团总部为上层，子公司为下层的二层投资决策模型；本章还提出基于惯性权重改进的粒子群优化算法，并对该算法进行求解和测试，为下一步的实证分析，奠定了良好的模型和算法基础。

第 6 章　企业信息化投资决策的案例研究。本章对第 5 章建立的二层信息化投资分配模型进行实证分析；根据问卷收集的数据，利用多元非线性拟合得到相应的效益函数，并建立二层规划模型；通过基于惯性权重改进的粒子群优化算法求解，最终求解出二层规划模型的近似最优解，从而指导企业集团科学地利用信息化资金。

第 7 章　结论与展望。本章对全书进行总结，归纳出本书的创新点，对未来的研究方向做进一步阐述。

2 文献综述与现状分析

2.1 企业信息化建设的理论研究

2.1.1 企业信息化建设的起源

早在20世纪60年代，就有学者提出“企业信息化”这一概念。1967年，日本科学和经济研究团体提出了“企业信息化”的概念；“Informatization”是指利用先进的信息设备和技术来挖掘信息资源并对其充分使用，这便是信息化最重要的内容，该词也于1977年被法国对外公布的题为《社会的信息化》的政府报告首次使用。国家信息化推进办公室首先提出了“信息化”的概念，这也是信息化第一次出现在中国（国家信息化工作室，1993）。尽管信息化的概念在西方出现得比较早，西方学者的研究也是按照细分领域展开的，但是企业信息化这个概念却并非产自西方。目前，关于企业信息化究竟是什么仍存在争议，大家看法不一，其中不乏较有影响力的观点。

张志檩（1997）明确指出：“企业信息化实质上是企业的生产过程、物料移动、事务处理、现金流动、客户交互等业务过程数字化，通过各种信息系统网络加工生成新的信息资源，提供各层次的人们洞悉、观察各类动态业务的一切信息，以作为有利于生产要素优化组合的决策，使企业资源合理配置，以使企业管理能适应瞬息万变的市场经济环境，求得最大的经济效益。”

左美云（1998）指出：“企业信息化是指利用信息技术获取、处理、传输、应用知识和信息资源，使企业的竞争力更强和收益更多的一个动态过程。”这一定义，把知识也看作企业信息化的战略资源，认为提高企业竞争力和收益是企业信息化的目的，特别强调了企业信息化是一个动态的过程。

侯炳辉（1999）指出：“企业信息化是指企业应用信息技术，开发利用信息资源，目的是为了在提高企业活动的效率和水平的基础上，最终增加企业的经济效益和增强企业竞争力。”

梁滨（2000）提出：“企业信息化是指信息法人利用现代信息技术，开发企业信息资源，调动人力资源潜能，并建立与之相适应的组织模式，推进企业现代化，提高企业的经济效益和竞争力的过程。”

国家信息化测评中心（2001）提出：“企业信息化是企业为了适应快速变化的环境，提高效益和发展能力，应用信息技术，再造企业的变革过程，是信息技术从一般业务应用向核心业务渗透的过程，是传统管理向现代管理转变的过程，是企业在基础设施、技术应用、结构调整、资源拓展、管理制度等方面向信息化转变的过程，也是提高经济主体活力，提高企业效益和能力的过程，最终在国民经济中实现人的现代化转变的过程。”

在不同时期专家对于企业信息化建设这一问题的认知与见解不同，对信息化也有不同的定义。目前，大多数业内人士把信息化看作企业运用信息技术、互联网技术等现代技术手段整理企业所收集到的各种资源，并使其得到充分利用，从而提高企业在行业中的竞争力，改善企业的经营情况，使企业能够领先于其他竞争对手。随着技术的普及，企业信息化这一说法也被国内学者广泛提及，其概念是指企业在生产管理流程中，运用信息技术开发企业的各类信息资源，以此提高公司的治理水平和工作效率，使企业的软实力得到提升。尽管从实际效果来看，以上两种观念大同小异，在实践过程中都能够帮助人们了解企业信息化这个概念，但是在具体过程中，由于角度差异还是会产生因人而异的理解。

企业是一个大的整体，企业信息化必然会包括企业的生产过程、销售策略、经营管理、售后服务等多个层面。为了使企业能够充分利用已有的信息资源和知识财富，通过不断地调整企业内部机构、生产模式、经营理念、企业目标，从而提升企业的核心竞争力和利润，那么就必须将以信息技术为首的现代计算机科学与技术引入企业的生产管理，进而降低企业的成本，提高利润，使企业整体的效益水平提高。在具体实施的过程中，企业信息化使用大量的、不同的电子信息技术手段不断使企业运营成本降低，使管理水平升高，使决策效率提高，让企业的核心竞争力不断增强，以此来稳固企业自身的市场份额。企业信息化的管理模式使机器取代了人工，这一改变无论是在处理公司内部大量的管理资料方面，还是在提高企业决策的准确性方面，都起着至关重要的作用。也正是这一点，促使企业加快了信息化发展的步伐。

企业信息化是一个过程，它能将企业内部的各种要素进行整合，进而提高其使用效率及效益，其中的要素包括企业信息化建设的基础设施，即企业信息化管理所依托的各类硬件条件，如自动化办公设备、计算机、服务器、基础网络设施等。实现企业信息化与管理相结合则主要依托软件，包括学习和使用通信技术、现代信息、情报技术、信息化管理平台、OA 系统等。优化企业产品生产管理流程的技术，使得管理者可以监控在生产过程中各类资源的利用，从管理角度降低资源利用率，提高附加产品的产量，并及时反馈产品存在的问题，进而提高服务水平，从效益与效率两方面提高企业的整体竞争力，有利于企业的生存和发展。

信息技术的发展给企业管理带来一场巨大而深刻的改革。当今社会是一个信息社会，企业通过分析自身管理运营和生产经营的数据，能够帮助管理者重新审视企业自身结构，发现企业的生产、决策、管理过程中各个方面的问题，并针对这些问题重新规划企业的结构和发展目标，优化企业管理流程，将企业的资源进行更为合理的配置，这会影响整个企业的所有部门和工作人员。企业信息化会对企业管理制度的制定产生巨大的改变，这种创新源自企业内部诸多因素的变化，更源自企业在信息化背景下对信息的深入挖掘和处理。

总而言之，信息化建设对于企业而言，不仅是一种电子信息技术的应用，还是一种企业管理策略和理念的变革，为企业的发展指引方向。只有全面了解企业信息化的本质，充分利用信息化的优势，才能真正让企业感受到信息化所带来的巨大价值，使企业管理层面在最大限度上提升与完善。信息技术的应用和管理流程的优化再造是企业信息化的灵魂，这是由企业信息化的本质特征决定的。无论是哪种性质的企业，都有企业自身的核心部门，这些核心部门的运作代表了企业的主导流程，故而对核心业务进行信息化建设是很重要的一部分。在建设的过程中，需要所有员工积极参与，主动接受这个改变并做出自己的努力。企业信息化的发展过程是分阶段的，从最初的理论开始，随着计算机的普及和应用逐步转变为中级，再随着网络的应用提升为高级，这一过程体现了企业信息化按照基层、部门、企业、产业链顺序联网的不断发展过程。此外，因为企业所使用的信息技术是随着人类社会进步而不断进步的，没人能说企业信息化具有最终目标，企业也要明确自身的优势和劣势，分层次和步骤循序渐进地推进企业信息化进程。企业并不是作为一个单独的个体存在于社会之中，其与市场有内部和外部的联系，企业信息化要充分兼顾这两方面，不断对企业进行改革、组织结构重造、业务整合等，使企业保持创新精神，完善内部的关联性；在外部关联性方面，企业应当依靠当今经济稳健发展、信息化程度高的大环境，与企业上下游的其他企业一同合作，建立起完善的社会信息网络，促进整条产业链的信息化发展。由此可见，各个企业在信息化建设的过程中具有极大的相关性，同时也具备各自的独立性，两两之间相互促进，却又互相制约。故企业信息化的发展是具有一定规律的，其作为一个大的整体，从基础内容到高级内容，都需要投入大量的精力去研究，做到全面发展，倘若在某一方面出现了短板，那么会因为“木桶效应”而使得企业信息化建设受阻。

综上所述，企业能够借信息技术整理、加工、利用企业所能收集到的一切信息资源，提高企业的经营效率和管理水平，从而提升企业的利润和核心竞争力。由此可见，企业信息化融于企业整个管理流程中，利用现代信息技术调整企业的内部结构、经营模式、管理流程，优化产品的生产管理过程，降低生产与管理成本，进而提高企业对市场的适应性，使企业长期保持较高的市场竞争力。

2.1.2 企业信息化建设的发展

国内企业信息化建设起步较晚，但近几年信息化建设受到越来越多的关注，呈现阶段式发展规律。中国的企业信息化发展可以分为四个阶段。

第一阶段，单机应用阶段。世界上第一台电子数字计算机 ENIAC 诞生于 1946 年，奠定了电子计算机的发展基础，开辟了一个计算机科学技术的新纪元。中国于 20 世纪 70 年代才开始进入计算机时代，这一阶段信息化建设主要是利用计算机处理大量重复性较大的工作，提高工作效率和准确率，但是因为技术限制并不能被所有企业采用。

第二阶段，计算机的大量使用、互联网的兴起与资源共享技术的发展，为企业带来了便利，产生附加价值，企业也开始尝试应用适用于多用户的信息化技术，如DBASE等数据库管理系统。不过企业信息化只停留在部门级别之中，不同部门之间并不能自由沟通、共享信息，这也是该阶段的不足之处。

第三阶段，20世纪90年代，国内企业信息化真正进入系统应用阶段。企业内部不同部门之间的“信息栅栏”终于被拆除，更多的高级企业信息化应用（如产品生命周期管理PDM系统等）开始被企业采用，这也为企业管理者管理信息带来便利，使得企业经济效益得到显著提升，工作效率大大提高。

第四阶段，在进入21世纪之后，国内企业已经不再满足于内部信息化，而在企业之间进行信息化的共享，这是由互联网技术的快速发展和普及造成的。供应链管理思想越来越受到企业管理者的重视，信息化给企业带来的便利促使企业对供应链上、下游的信息进行收集、整合、分析、利用，获得对于供应链更为完整的了解，同时也有利于这些企业之间共享各自获得的情报。

尽管我国的企业信息化技术正在不断进步，但是我国的信息化技术水平与世界的信息化技术的整体水平相比，依旧处于中等的位置，在信息化应用与影响这两方面的表现并没有那么乐观。2007—2008年，中国的网络就绪指数（networked readiness index）被世界经济论坛排在全球第57位；2008年，我国在联合国电子政务调查报告中排名第65位；2014年，在世界经济论坛发布的第13期《全球信息技术报告》中，中国的网络就绪指数排在全球第62位。学者和企业也在反思，研究表明中国信息化建设问题主要分为两部分：一是不同区域间的具体情况不同，所处的发展阶段不同，因此很难平衡；二是政府的工作分配不协调，导致执行力较低。

目前中国的企业信息化发展有以下几个特点。

第一，IT供应商的迅速发展，极大地推动了我国信息技术产业的发展。2008年，在中国生产制造企业中ERP通用型产品聚集了包括SAP、ORACLE、INFOR等国际厂商，以及神州数码、用友、金蝶等国内厂商。其中，排名前3位的SAP、神州数码和ORACLE的市场占有率分别为23.4%、14.1%、11.5%，与此同时，神州、用友和金蝶分别位列国内品牌前3位，这些数据可以更直观地反映我国主要 ERP 软件提供商的情况。2009 年，管理软件行业的竞争更为激烈，随着技术的成熟及新一轮技术革命的洗牌，处于领先地位的厂商进一步扩大市场份额。仅市场排名前 20 名的厂商销售额总和就达到了 87.66 亿元，而其中排名前 3 位的用友、金蝶、SAP 的市场份额分别为 25.21%、12.91%、12.1%。除了 SAP、ORACLE 等传统国际巨头，在中国管理软件市场中还有 INFOR、SAGE、EPCOR 等主要的外商，这些外商在中等以上的市场中占主要的市场份额。除此之外，国内品牌的崛起也逐渐成为一个新的发展趋势。与 2005 年时相比，2009 年用户在选择管理软件提供商时考虑得更为全面成熟。在 2005 年时用户最关注的“品牌影响力”，到了 2009 年时已经成为次要的考虑因素；而“产品适合度”则成了用户选择的第一关注点，其次是“公司稳定性”。过去，用户为了避免决策风险，在选择大型的和投入较多的管理软件项目时会倾向于选择国内或者全球最好的品牌；而现在，用户则更多地考虑自己的实际需求，选择适应度最高的管理软件。如今的管理软件不仅必须具有全面的解决方案，同时平台也要与时俱进，这样的管理软件才会受企业首席信息官（CIO）青睐，其发展前景也相对较好。我国消费者的逐渐成熟，他们在选择产品的时候也更为理性，这既是我国信息产业发展的体现，同时也是国内外厂商市场竞争的结果。从 2014 年软件行业的整体收入来看，中国软件企业实力明显增强，软件业务收入为 4751 亿元，较 2013 年增长了 29.6%；但以金蝶、用友为代表的中国管理软件市场增幅并不明显，并且有集体倒退之势，而专注于行业解决方案的 ERP 厂商如广联达却有不错的发展。作为国内领先的管理软件公司，要利用在本土市场上的独特优势站稳脚跟，使我国整体的信息产业得到发展，就必须利用自己的独特优势，在自己擅长的领域不断创新，充分利用自己的优势，这样才能充分获得发展，实现规模成长，使本土的信息化产业有进一步的飞跃。

第二，飞速发展的电子商务和商业模式。从 2012 年的《中国互联网络发展状况统计报告》可以看出，我国的手机网民数量已经占全体网民的大多数，而其增幅也居于前位，这表明我国的信息化程度已经得到了较大发展。前几年的互联网领域出现了问题，监管部门开始加大监管力度来整治网络，到了

2010 年，中国网络质量有了整体的提升，但这同时也使得网站的数量大量减少。然而这种下降只持续到 2011 年，其后网站数量又恢复到了正常的增长态势。目前，在电子商务的支持下，社会经济也得到了极大发展，同时支撑体系建设与电子商务应用也在电子认证、在线支付等的支持下协同共进，构成了当前经济背景下的新形势。有超过 40 家的电子认证机构和商业银行获得了认证及许可，不停地出现新的第三方支付平台，加快了在线支付业务发展，同时物流、信用等多个领域也得到了不同程度的发展，这都得益于电子商务的蓬勃发展。颁布的各项标准巩固了推广的力度，各大高校都增加了电子商务课程及相关课程，那些对电子商务领域感兴趣的人才得到了更好的培训，使他们对社会发展能够做出更突出的贡献。市场在发展的同时也必然会出现新的产物，除了人们曾经熟悉的电子商务模式，如 B2B、C2C 等，新的反向电子商务的出现，使得消费者拥有更多主动权，其通过聚集大量分散的用户，让他们能够以比平时低得多的批发价购买到单件商品。在日常生活中，人们对商品的主动需求往往难以得到满足，而诞生的 C2B 则能使消费者更加主动，在科技如此发达、人们生活水平日益提高的今日，C2B 能满足消费者的各种需求，成为当下很受欢迎的一种电子商务模式。从近期电子商务的增长来看，今后电商的主要发展方向应该向移动电子商务倾斜。2011 年，手机网民数量已经达到整体数量的 70.6%，同时还出现了智能手机和 3G 网络的快速发展。2014 年，在《中国互联网络发展状况统计报告》中，中国 4G 用户总数达 9 728.4 万户。在网民增长放缓的背景下，4G 网络的推广带动着更多人上网，这更说明了电子商务的发展方向。在经历了一段时间的发展后，一些传统的互联网电商企业有实力转向移动端，从而加速了移动电商的发展。移动互联网市场的近三成已被移动电商占领，这同时也推动了中国移动互联网的高速发展。

第三，信息化应用停留于表面。我国的企业信息化发展过程中，拥有较为全面的信息化应用类型，既包括单纯技术上的信息化辅助应用，也包括管理层级上的信息化应用。中国企业信息化应用的普及度很高，但是这仅限于低层次的应用，高层次的应用还较少。前面所提到的 ERP 应用属于主体应用，再往高级发展则是商务智能应用。中国的企业信息化应用深度不够，主要表现为：①基础应用普及太宽，重点工程建设滞后。中国的企业几乎都配备了计算机进行信息储存、处理，然而重点的信息管理工程推荐使用的软件，如企业资源管理软件（ERP 系统）、计算机集成制造系统（CIMS 系统）等却少有企业使用，即使使用，效果也不能令人满意。②信息化建设投入和使用的分布并不均衡，企业的技术层已经实现了计算机管理，但是决策层却依然缺少有力的信息化管理手段。③企业信息化程度受到地区、企业类型等因素影响，一般而言，技术水平越高、经济状况越好、市场越自由的企业，其企业信息化的改革过程越会简单方便一些。

目前，中国各大企业的信息化过程主要还是依靠专门的软件提供商、ERP 软件提供商，企业本身缺少自己的信息化团队。而外来的团队在操作过程中对企业要求的理解易有偏差，对操作过程中出现的问题不能适当地解决，因而会有失实的可能性。由此造成的损失一般都是难以估计的，类似的事故在目前的市场环境下时有发生，其主要原因还是中国的软件行业自主发展乏力。实施一套信息系统涉及的方面很多，是一项系统的工程，投入大、周期往往也很长，中国的中小企业必须投入巨大的人力、物力才能实现企业信息化。就目前来看，中国的中小型企业对于进行企业信息化改革还没有准备好，缺少成熟的管理体制和运作架构，难以吸引人才，再加上这些企业管理层对企业信息化的了解不透彻，导致中小企业的企业信息化前行之路十分艰难。不过在 2008 年年底至 2009 年上半年的经济危机中，中国对外贸易程度较高和劳动密集型中小企业遭受的冲击最大，所有的企业信息化进度都有所减缓。这样的减速并没有持续太久，2009 年的下半年经济回暖，市场上企业对于信息化重视程度有所提高，许多中小企业都在信息化进程中投入更多，以此提升自身的核心竞争力。

第四，各级政府部门间协调不够，没有合力促进信息化。为了彻底贯彻落实推动信息化建设的基本方针，政府首先将重点放在硬件环境建设上，而在“软件环境”方面投入力度则不够，虽然目前我国信息化硬件基础已经较为领先，但是加强信息化教育等“软环境”方面仍遗留了大量问题。信息化人才不足，国民信息能力低下等问题也成为阻挠我国信息化进程发展的原因。

近几年，我国的信息化发展飞速，同时也受到了越来越多的关注，通信业取得了一定的进步，企业信息化的水平有所提升，但依旧还有很大的发展空间。我国信息化进程开始较晚，同时信息化也未受到国家和企业应有的重视，投入的力度相对不足，整体基础建设以及应用都落后于发达国家，企业间也有不小的差距。国外企业信息化发展有以下几个特点。

第一，国外企业信息化程度整体较高。发达国家的企业信息化经历了一个相当长的阶段，如今这种发展不仅使企业本身及产业链受益，更是对宏观经济产生了极大的影响，成为当下企业在市场竞争中的制胜法宝。20 世纪 90 年代是美国经济快速增长的时期，也是“新经济”即信息化对国民经济起促进作用的最好证明。80 年代末，美国投入大量资源开始发展信息技术，到 2010 年其信息技术行业的比重从 1990 年的 5.8% 上升到了 22.7%，是发展初期的 4 倍，而其对经济增长的促进作用也是其他任何行业都无法相比的。企业内部，从基础、制造到管理、技术一系列的系统建立提升了企业的管理决策水平，企业的竞争力也有所提高。另外，1993 年已经有 2.4 万家美国企业在使用数据交换，而其中前 100 家电子数据交换（EDI）的使用比例约有 91%，自动化办公基本在美国的所有大公司存在。

第二，信息化被视为现代企业的重要战略。在设施方面，除了投入大量资源，对信息化的大力关注也是发达国家企业信息化领先的重要原因。为了加速信息化，一些企业开展了战略部署信息技术，许多传统企业更是十分重视这种方法，将它作为企业的重要战略并从中不断探寻新的机会。随着对信息化重视程度的加深，企业中出现了首席信息官这一职位，并且逐渐普及。20 世纪 80 年代，安达信公司针对全美服务业和 500 家大企业做了一项调查，调查结果发现首席信息官（CIO）职位的普及率已经达到了 40%。到了 2000 年，美国企业基本上都设立了首席信息官。国外企业在信息化方面花费了大量的资源以促进其发展。2002 年，国家经贸委经济信息中心对 640 家重要企业进行调查，结果显示，国内 IT 投入额所占比重只有 0.75%，相较于国外的投资额所占比重 8% 甚至 10% 要低很多，国内企业对信息化的重视程度实在是微乎其微。2012 年中国 IT 产业在 GDP 中的比重达到 6.3%，比上一年提升了 0.4 个百分点。新技术的发展同时也带来了各种问题，由于要对数据进行保护同时也要顾及法律，让企业解决信息通信技术问题时更加艰难。当下许多跨国企业将一些工作外包给第三方企业，以减少在网络管理方面的投入。为了扩大自己的经营网络，这些企业在防火墙、内容安全等方面也花费了大量资金。同时，国外企业对信息和通信技术（information and communication technology，简称 ICT）方面的投入也在不断增加。企业通过增加在 MPLS（multi protocol label switching，BP 多协议标签交换技术）方面的支出，吸引更多的用户。

2.2 企业信息化投资决策的理论研究现状

20 世纪六七十年代，企业信息化投资在中国很多企业中开始受到重视。随着信息技术的发展，企业信息化的普及和加深，越来越多的企业开始逐渐关注信息化投资建设。信息化建设的投资巨大，一个中型项目需要投入几百万美元，巨额的投资使人们期待更大的回报。90 年代初期，“IT 悖论”以及大量信息化投资失败的案例出现，使得从 90 年代中期开始，企业在信息化投资决策中采取小心、谨慎的态度。

进入 21 世纪，以计算机技术和网络技术为基础的信息化技术是当前世界最为先进的生产力，越来越多的领域出现数字化、机械化。在投资金融方面，由于信息技术绩效提升的特殊性，企业信息化投资具有间接性与模糊性的特点。如何充分利用信息化给企业带来提升，如何做出正确的投资决策，理论界进行了长期而又激烈的辩论。以下分别从财务、非财务以及两者相结合的角度，对现有研究进行分析归纳。

2.2.1 基于财务方法的企业信息化投资决策

一部分研究者认为，采用财务方法进行信息化决策是理所应当的。首先，财务决策方法很成熟，在 20 世纪 50 年代就取得了极高的成就。迪安（Dean，

1969）和马科维茨（Markowitz，1952）提出的投资组合理论（portfolio theory）成为财务决策的理论基石。在此基础上，杰克（Jack）和约翰（John）等人提出了资本资产定价模型（CAPM），从此进入现代投资理论时代。这些理论被广泛地应用在投资、理财方面，是证券投资中的“宠儿”，也被广泛地应用在公司的投资决策中。其次，信息化投资本来就是企业财务的一部分，与财务投资有着同样的目的，两者有诸多相似的计算方法。因此，很多观点都是采用财务方法解决企业信息化投资决策的问题。1977 年美国麻省理工学院的斯图尔特（Stewart，1977）首次提出将实物期权方法（财务理论为基础）应用于项目投资，特里杰奥吉斯（Trigeorgis）和梅森（Mason）等人指出传统净现值法（NPV）的不足之处，并用实物期权方法加以分析（雷淑琴，2011）。确实，财务方法有很多的基础理论和研究方法需要在进行企业信息化投资决策时学习和借鉴，但财务方法在现阶段的信息化投资决策中应用最为广泛。

2.2.1.1 传统的企业信息化投资决策方法

传统的投资决策方法主要有静态分析方法、动态分析方法和不确定分析方法，具体解释如下。

第一，静态分析方法不考虑资金的时间价值问题，常见的有投资回收期法、投资收益法。投资决策的静态分析方法又称为投资决策的会计方法，是按照支出、收入、利润和资金占用、周转等方面的传统会计观念，通过企业投资的经济效益进行评价与分析得出投资决策的方法（孙静华，2010）。信息化投资具有滞后性和高风险性，静态分析方法不考虑项目风险和资金的时间价值，在信息化投资决策中偏差较大。

第二，动态分析方法需要考虑资金的时间价值问题，常见的有内部收益率法、净现值法、敏感性分析（杨静，2013）。动态分析方法是目前主流的信息化项目决策分析方法，但是在实际应用中还存在一定困难：一是投资项目适用的折现率难以确定；二是假设条件过于严格并且没有考虑项目过程中遇到的风险（但在信息化投资中，风险分析是必不可少的一环）。格雷厄姆（Graham，2001）和哈维（Harvey，2001）对 300 多家公司的财务执行官（CFO）进行调查，结果显示很多家公司都在使用传统的 NPV 规则来评价拟投资的项目，而且采用贴现率方法进行项目投资决策的公司占到了59%，这就表明在实际应用中，许多公司并不能完全理解NPV规则，在使用上也存在一定偏差。内部收益率法和净现值法在使用上较为类似，选择内部收益率最大的项目进行投资即为最优决策。

动态分析方法是基于现金流折现，所以也被叫作DCF（discount cash flow）法，它是通过换算不同时期现金流入与流出投资项目的资源和资金，根据货币时间价值的原理与方法来评价投资效益。由于货币的价值是随时间变化的，在某种程度上动态分析要比静态分析更有优势，它能够更精确地分析信息化投资。

第三，不确定性分析方法是在信息不透明或不完全透明的情况下做出估计的方法，在无法把握或预期未来与实际之间存在的误差时运用该方法。盈亏平衡分析、敏感性分析等，是不确定经济分析的主要手段，不确定分析法还包括蒙特卡罗模拟法、决策树法等方法。

传统的资本投资决策方法在信息化投资决策中最受欢迎，但是却存在着质疑声。信息化投资决策在目的方面和经济投资有相似的一面，但是信息化投资决策有独特的特点和更高的要求，信息化投资带来的无形资产和社会效应无法用传统经济方法计算。然而信息技术更新换代较快，在企业中普及需要大量的培训，信息化投资决策必须考虑信息化项目的高投入、高风险及其不确定性。

2.2.1.2 企业信息化投资决策的实物期权方法

很多项目投资决策都具有时机的选择性、不可逆性和收益不确定性，特别是信息化项目（王里克，舒华英，2006）。传统企业投资决策采用的净现值法（NPV）在评价投资不确定性时存在不足，而实物期权法将不确定项目潜在的投资机会视为另一种形式的期权，完善了净现值法，广受信息化投资决策研究者青睐。利用企业信息化投资的可变性，决策者可以更好地了解各种项目投资因素的期权，这可以让投资者在进行选择时更有优势。经过分析，在投资决策中主要有增长型期权、延迟型期权、转换型期权、学习型期权、放弃型期权以及复合型期权。实物期权法能够对这些期权的价值进行定量的计算评估，避免了不少企业因直接投资效益低下而放弃投资现象的发生。除此之外实物期权法也是一种规划程序，企业可以运用实物期权法对项目进行整体规划。

实物期权理论的真正意义在于它是一个崭新的战略分析框架，与传统的投资决策法相比其改变了对风险的看法，从“规避不确定性”到“从不确定性中获益”，成为一个动态分析工具。根据对信息化项目的风险分析评估及预期收益预测，得到实物期权分析矩阵，包括立即投资区、可能投资区、可能以后投资区、不投资区、可能放弃区以及可能以后放弃区。同时，随着时间的推移，企业的实际状况也会发生相应的改变，而实物期权则可以很好地覆盖到每一个阶段。

2.2.2 基于非财务方法的企业信息化投资决策

信息化投资决策的目的是使投资项目的利益最大化、成本最小化，为了达到这个目标，通常会使用很多非财务方法来辅助决策。指标分析法可以较为直接地帮助决策者，其通过对社会技术系统理论（socio - technical system，STS）或者过程理论（proeess theory）的分析讨论，建立起不同的指标，而具体操作时则需慎重选取理论基础以减小误差。

社会技术系统理论是在社会系统理论的基础上发展而来的。社会系统理论认为组织是一个非常复杂的社会系统，要想分析和管理好组织应该从社会学的观点出发，关注员工、员工关系、员工技能等方面的情况；社会技术系统理论认可组织是一个社会系统，但同时认为组织也是一个技术系统，关注工艺、设备、工具等方面的情况，这个技术系统与社会系统相互依赖，往往起着非常重要的作用，为组织和环境沟通提供桥梁。这个理论为信息化投资项目评估提供了很大的启示，任何一个信息化投资项目的成功都不是由单一的社会系统或技术系统所决定的，两个方面必须同时做好才能实现收益，缺一不可。为了更精确地进行决策，必须完善有关各系统的评价指标，才能够更准确地进行评价。

根据社会技术系统理论提供的思路，瑞安（Ryan，2000）和哈里森

（Harrison，2000）提出了一种决策树法。这种方法的建立是以两个假设为前提的，首先认为有 IT 投资价值的社会成本与效益存在或不重要，其次认为基于 IT 项目未来的收益与成本是确定的，IT 功能发挥的时间也是固定的，用决策树法可以帮助找出隐藏的收益与成本，为投资决策提供有效的支持。许多研究者运用不同的方法，从不同的角度根据不同的项目对评估指标进行研究。例如，筹唐洋（2006）根据研究发现了 36 个指标用来评估信息化项目的投资；美拉尼（Mirani，1998）和莱德勒（Lederer，1998）将顾客关系、信息质量、沟通效率及业务效率等因素分别放在三个 LISREL 模型中对项目进行评估；琼斯（Jones，1998）和贝蒂（Beatty，1998）运用 16 个指标来评估电子数据交换系统（electronic data interchange，EDI）的投资，然后再对这 16 个指标进行二次筛选，选出对于项目评估更为关键的 13 项指标并且把它们建成一个线性结构。

选择合理的评价指标是做出正确评估的前提条件，根据相应指标对项目进行度量在评估中同样起着至关重要的作用，细微的偏差都会影响项目评估的准确性。我们通常会使用一些方法，如层次分析（analytic hierarchy process，AHP）法、德尔菲（Delphi）法、模糊集（fuzzy set）法等来确保度量的准确性。美国运筹学家、匹茨堡大学教授萨蒂（Saaty，1997）提出了 AHP 法，通过定性、定量分析多个目标。这是他在为美国国防部研究时提出的一种层次权重决策分析方法，该方法把一个复杂的问题看作一个系统，将目标分解成多个子目标，进而分解成不同的层次，然后在这基础上做出定性和定量的决策。德尔菲法将所要预测的问题提交给专家，专家对于问题给出相应的意见，将这些建议进行整理、统计，并将处理结果反馈给各位专家，如此反复，直到得出一致的意见，这样可以减少决策中的主观性，利用各位专家的知识积累对项目评估做出最合理的判断。

非财务的信息化项目投资决策方法有非常多的优点，可以更加科学和准确地对项目进行评估，但与此同时它也存在着不容忽视的缺点，即在非财务的信息化项目中的投资决策方法只适用于对结果的评价，而不能对项目绩效进行预测，具有严重的滞后性。

2.2.3 企业信息化投资决策的其他理论研究

在企业信息化投资决策的理论研究中也可将财务方法与非财务方法相结合，掩盖各自的缺点，发挥各自的优点，将两者的协同效应最大化。经过将近20年的发展，哈佛大学教授罗伯特（Robert）与诺朗顿研究院（Nolan Norton Institute）的执行长戴维（David）首度提出“平衡计分卡（balanced score card，BSC）”的概念，平衡计分卡不仅仅是一个绩效衡量系统，更是一个企业战略管理工具。平衡计分卡是从财务、内部运营、客户、学习与成长4个角度全方位地进行评估，既关注财务方面也关注非财务方面，为决策提供更详细的支持。

信息化项目投资的评估指标非常多，但是其中的某些部分具有相同的性质。帕克（Parker，1989）对这些指标进行研究并分类，将其划分为三类指标域：业务域（business domain）、技术域（technology domain）、广义的投资回报率（enhanced ROL）。这些指标既包括财务指标，如现金流入、成本等；也包括非财务指标，如技术风险、客户满意度等。将财务与非财务方法相结合进行项目投资决策已有非常多的成功案例，艾拉尼（Irani，2002）在对一个制造业进行决策时，就分别挑选了财务指标和非财务指标对项目进行全面的评估，从而提高了决策的有效性。

虽然财务和非财务方法相结合对信息化投资项目的决策有非常大的帮助，但这种方法也并不是完美的。人们缺乏对信息化投资回报转化机制的理解和认识，往往随意设置评估指标，反而降低了决策的全面性和准确性。

2.3 期权博弈理论与应用研究现状

期权博弈理论是把博弈论引入实物期权理论得到的一个完美融合物，用来辅助企业解决在投资过程中的决策问题。期权博弈理论的主要思想包括对不确定性的认识、对柔性管理价值的重视以及对竞争者决策的反应。期权博弈理论把选择投资竞争的企业看作博弈的参与者，认为各参与者可以自主选择是否投资、何时投资等行动策略，通过确定博弈项目投资的次序、在实物期权理论的基础上计算各参与者在不同策略组合下的收益，最终得到最优博弈策略及博弈均衡（张汉波，2014）。期权博弈模型又分为很多种，可以根据参与者选择的策略和数量细分成很多类型，如合作博弈模型、竞争博弈模型、垄断竞争模型和双寡头模型等。

2.3.1 期权博弈理论的研究

20 世纪 90 年代，司迈特（Smets，1991）在不确定的条件下，将实物期权模型与博弈模型融合起来搭建了对称双寡头期权博弈模型，并首次提出了期权博弈理论。在这之后特里杰奥吉斯（Trigeorgis，1991）、斯密特（Smit，1993）和格瑞德（Grenadier，1996）等人又进一步研究和发展了该理论。

如何把实物期权正确理性地运用到风险投资的不同阶段中，这个问题直到 21 世纪才给出了定性分析的方法。安瑛辉、张维（2001）站在投资决策者的角度，考虑和分析决策的行为，从中发现了一般投资人在投资构成、价值评估和投资策略三个不同的领域中的期权法选择。两家企业对同一项目进行投资博弈时，应考虑信息外泄和先入对其的影响［提哲森（Thijssen，2001）；惠斯曼（Huisman，2001）］。

国外的研究方法多把统计中的知识加入风险投资的量化分析中，并把实际的影响因素抽象到模型中加以分析，直观且更易理解，理论更具有指导性，投资决策理论体系也变得相对完善。

国内关于期权博弈理论的研究相对来说还不够成熟。安瑛辉和张维（2001）等人构建了期权博弈理论方法的一般化分析框架，同时也分析了一些经典的模型；唐振鹏（2003）采取新的视角，将产品创新投资视作企业所持有的看涨期权，对双寡头企业的产业创新战略执行问题进行分析研究；杨明和李楚霖（2004）通过对新产品项目研发的特点进行研究，针对性地建立了双头主从实物期权博弈模型，并且采取动态投资分析的方法，对跟随企业追随先行企业进行技术项目研发过程中跟随者的期权价值、研发投资策略等进行分析，并研究了先占优势企业的不同研发策略对跟随企业的投资决策所造成的影响；夏晖（2005）总结归纳了在技术创新领域采用实物期权解决战略决策问题的相关理论。

期权博弈理论是将博弈论的思想和方法融入实物期权理论中形成的，该理论针对传统企业项目投资决策以及投资估价中存在的问题和不足，创造性地将项目和市场的不确定性、市场的竞争状态、技术进步和信息不完全等因素纳入一个研究框架，以期权定价理论为基础，同时结合博弈论的思想和建模方法，对企业的投资决策提供理论支撑。期权博弈理论的主要思想基础如下。

第一，不确定性认识。期权博弈理论以对未来客观世界的不确定性认识为基础，主要涉及金融市场的不确定性，如利率以及与产品相关的生产技术、价格、市场需求等不确定性因素的界定、识别和研究分析。

第二，管理柔性与期权特征。期权博弈理论将企业在项目投资中的管理柔性与期权特征加入研究框架，对投资项目价值评估的因素分析予以改进，从而克服了传统的投资决策分析方法中忽略事件影响和管理作用因素的弊端。

第三，考虑市场。期权博弈理论是建立在科学估价投资价值的基础上，因此企业必须将市场结构、市场竞争者的基本状况及市场竞争者的投资决策等要素考虑在内，从而根据不同的市场状况和竞争者状况做出科学的投资决策。

在对项目的投资价值进行完整的估计分析的基础上，为了更直观、有效地研究企业的投资决策，可以将企业项目投资决策过程中所涉及的所有因素完整地纳入一个博弈模型。将实际经济运行中的各个因素抽象提取出来，如相互竞争的企业抽象为局中人，其资产状况、产品的产量和价格、投资状况等抽象为变量，企业相关的项目价值、期权价值、利润或效用抽象为支付，如此一来，企业的产品状况、投资状况等和企业的项目价值、期权价值、利润等的关系就可以利用变量与支付的联系进行描述。

综上所述，企业信息化项目投资领域的决策可以借助期权博弈理论进行深入研究（唐振鹏，2003）。

2.3.2 期权博弈理论应用的研究

经过几十年的研究，期权博弈理论发展很快。在不同的领域，众多学者根据投资项目的类别、风险等特征，利用期权博弈理论进行有针对性的研究，其中主要的领域如表2.1所示（朱德渊，2014）。

表2.1 期权博弈理论主要应用领域

应用领域	主要特点
房地产	土地、建筑物及其附属设备不可移动，因此具有很强的地域性，是区别于其他普通商品的主要特点；开发土地的取得、住房制度、资金的获得以及税率等，都会受到国家政策很大的影响
企业并购	企业并购作为一种投资形式，其主要的风险有：一是信息不对称的风险，被并购企业更了解自身的资产负债情况，可能会隐瞒或者虚增债务，以达到并购的目的，但并购企业可能并不了解；二是企业资金结构风险，无论是以自有资金还是负债的形式支付并购资金，都会改变企业现有的资金结构；三是并购后的整合风险，企业之间生产、组织结构、资产负债的构成及文化等方面融合的程度，与并购者经验和技术有关
投资和研发（R&D）	技术创新与其他应用领域相比，主要的区别是受技术开发的不确定性影响较大。技术开发的成功与否和社会环境没有很大的关联，主要体现在决策过程中内生变量的影响，只有其开发成功后的收益，会受市场情况的影响
电力	电力是国家经济的命脉，与人们的生活密切相关，国家经济政策、电价政策等对电力行业的影响很大。目前世界上几乎所有实际运营的电力市场都设置了价格上限来控制电价的剧烈波动，而且市场的进入具有很强的垄断性，所以与寡头垄断市场更加相似。除此以外电力产品具有特殊性，如不可存储性、需求低弹性及需求的瞬时平衡性
通信	通信业的技术投资属于高技术的投资领域，更需要投资者拥有与技术相适应的管理理念。另外开发的产品可能是全新的，其市场需求和可接受性均不可预测，需要对市场的消费进行引导，因此具有较大的运营风险

20世纪90年代，实物期权理论就被运用到信息化投资决策研究中，近年来仍被频繁采用。在对企业信息化这种不确定的投资问题进行分析时，实物期权就可以发挥其优势，从金融期权理论发展到实物投资领域而形成的或有决策（contingent decisions），可以在发展中静观其变，进而制定出适宜的决策。20世纪末21世纪初，贝纳罗什（Benaroch，1999）和考夫曼（Kauffman，1999）讨论了IT投资决策与实物期权方法间的关系，并就应用方面对其理论基础进行了进一步论述。从以上分析可以得到，期权博弈理论应用于众多领域，且不同的领域应用都具有自身的特点，特别是在投资领域的应用非常广泛。因此，该方法也适用于企业信息化投资的研究。

2.4 企业信息化投资时间决策与绩效评估的研究现状

2.4.1 企业信息化投资的时间决策

目前，部分学者将企业信息化升级投资时间的选择作为切入点进行研究，其中一些学者还将学习曲线应用到软件和硬件的升级投资决策研究中。杨道（2006）认为在基于大型数据库的管理系统中，操作系统与存储设备的版本更新是至关重要的。达登（Dardan，2006）等提供了估值技术描述技术投资的生命价值，并采用时间常数学习曲线研究与分析了英特尔公司的操作系统和硬件系统的升级决策问题。格文雅玛（Ngwenyama，2007）等指出企业软件升级时间不宜过早、也不宜过晚，强调升级投资决策时间选择的重要性，并采用S型学习曲线数学模型研究了企业软件升级投资时间的选择问题。楼润平和杨德锋（2011）利用对数学习曲线模型分析企业信息系统升级投资时所面临的两类决策情景，分别提出了适用于两类情景下的时间决策分析模型。楼润平（2012）采用学习曲线的研究方法探讨了信息系统升级投资决策优化问题，指出在不同时刻进行升级所产生的预期效果与决策方向不同。陈勇（2014）强调如果仅依靠企业外部的力量对企业信息化升级进行投资会对企业的经济状况造成影响，企业应根据自身发展情况，自行进行信息化升级投资。

2.4.2 企业信息化投资的绩效评估

对于企业自身来说，了解自己所处的阶段是十分重要的，这对以后的资源分配以及后续的信息化发展都有不可替代的作用。企业信息化发展的阶段性研究已有较为成熟的理论基础，20 世纪 70 年代末至 80 年代初，诺兰（Nolan，1973）提出了信息技术应用的初始、传播、控制、集成、数据管理和成熟六个阶段模型。随后国内外许多学者都对该问题进行了广泛的探讨，杨一平在总结前人研究成果的基础上，提出了企业信息化能力成熟度模型（EICMM）。企业信息化能力成熟度是企业信息化在不同发展阶段综合水平的反映，EICMM 将处于不同规模、不同发展阶段的企业按照其所处的信息化发展情况，划分为初始级、技术支撑级、管理模式级、综合集成级和优化级五个能力成熟度等级，通过这个标准来判别不同企业间的差距（马慧，杨一平，2010）。从初始级的以手工为主的模式过渡到技术支撑级的以系统为工具的模式，这中间需要一个从非整体思维过渡到整体思维的过程，同时重心也转移到了硬件和软件平台建设上；管理模式级的信息化建设投资的重点是企业管理、组织变革和资源整合；企业综合集成级的信息化建设以电子商务中供应链管理的思想和行业标准为基石，利用计算机技术和资源共享等一些现代化电子信息技术，不断地开发和挖掘信息资源，从而提高企业的经济效益和竞争力；企业优化级的信息化建设则是对信息化建设的过程及管理模式等进行优化和完善。

李超（2007）以平衡计分卡理论为研究思路，以企业信息化产出为视角，研究并建立了信息化的绩效评价指标体系。王汉斌（2009）强调企业信息化投资决策的评价决定着信息项目建设投资的成功与否。卢英（2011）以交叉评价模型为标准对新的信息系统进行评价，其目的是寻求各模块间的协同合作。罗杰（Rajiv，2012）强调企业管理者希望能评价 IT 技术对公司绩效的影响情况，并对企业 IT 投资绩效的资产回报率进行评价。乔红（2012）从低碳信息化角度提出了低碳经济环境下，综合的企业信息化建设评价模型，并强调企业信息化对企业进行低碳发展所带来的帮助分为显性效果和隐性效果两部分。陈巍巍（2013）从投入产出角度研究信息化评价模型，认为产出指标的确定方法有很多，其中最为常用的方法是平衡计分卡法。李大伟（2014）指出了企业信息化相关效益评价的关键点。陈艳（2014）以国家电网为例，分析了整个电力行业的信息化评价指标体系。

艾格纳（Aigner，1977）通过定义综合的正态与非正态的随机变量来降低生产函数中异常数据的干扰程度。王梅英（2004）运用加权回归方法分析了企业信息化相关经济指标的数据资料，结合因子分析、聚类分析等方法，研究了我国31个省（市，自治区）信息化水平与经济发展关系，并对其进行评价，总结出地区总和发展水平的排行榜。汪淼军（2007）以浙江省企业信息化和组织行为的数据为研究对象，采用回归的研究方法探究了企业信息化、基本组织行为和生产绩效、企业竞争力以及创新能力之间的作用关系，数据显示企业规模越大，其信息绩效水平越高，大规模的企业信息化投资绩效水平远高于小规模企业的绩效水平；信息化运营时间越长，相关绩效水平越高，长期的企业信息化绩效水平普遍高于短期绩效水平。傅传锐（2007）收集2002—2004年我国信息技术上市公司的数据，采用条件分位数回归方法进行分析，研究表明在运营效果较好的企业中，组织资本与公司业绩之间存在显著的正相关性。楼润平（2011）探究了ERP实施与企业盈利绩效水平的变化关系，得出在短期时间内，企业在数据统计方面收益绩效降低，但随运营时间的延长，边际收益逐渐递增，形成一种凹型变化的关系。楼润平（2012）还研究分析沪、深两地76家上市公司信息化相关的观察数据，并得出信息技术或信息系统与企业价值之间存在明显的“U型”关系，信息系统对企业价值具有数据上的显著正面影响，其中企业价值的评价方式为上市公司中直接度量的企业价值。陈雄强（2013）强调运用分位数回归模型可以更好地模拟非正态和非对称的数据特征。傅祖壇（2014）采用回归分析的方法研究了台湾教育院校的学校品质、经营效率与最适规模的问题。阿萨纳帕里（Arshanapalli，2014）利用3 000多条美国公司的数据，采用分位数回归的分析方法探究了权衡和等级模型的预测问题。

2.5 企业信息化投资分配方面的研究

在现实生活中企业集团进行信息化升级投资，通常由企业集团总部制定资源分配方案，再由下级子公司执行；当企业集团总部决策者制定投资分配方案时不得不考虑下级子公司执行者的反应，就会涉及二层决策问题。也就是说，企业信息化投资分配也可以看成是一个二层规划问题。

2.5.1 二层规划理论

目前，对于信息化投资的资源分配问题的研究成果相对较少，但是针对采取何种策略帮助企业进行资源分配的问题已有丰富研究成果。例如，倪明、徐福缘（2004）等人通过研究企业对信息化建设的投入，并结合三角模糊数，得出了基于企业部门间资源分配的线性多目标信息化投资决策模型。蔡永明等（2006）结合动态随机环境、效用函数、带负漂移率的投资随机模型、Monte - Carlo 模拟方法等，对企业信息化投资进行了分析，得出了可以帮助企业进行战略制定的相关结论并提供指导。另外，一些学者也尝试采用一些其他方法，贝恩柔德（Bernroider，2006）和斯蒂克斯（Stix，2006）综合了效用排序方法和数据包络分析方法的优点，提出了一种解决信息系统投资决策问题的剖面距离方法（profile distance method）。阿扎德（Azadeh，2009）等将投票（voting）的层次分析法、德尔菲法和数据包络分析法加以集成，利用该集成框架解决企业中的信息系统投资问题。平衡计分卡是 21 世纪初期使用较多的一种方法。上述方法大多具有一个特点，即通常是一个决策者在一组约束条件下寻求一个或多个目标函数的最优值，然而在实际的信息化投资中，通常由企业集团总部制定向各级子公司（或部门）分配资源的方案，子公司与集团总部之间会形成一个互相反馈的体系，根据反馈信息可以及时调整方案，同时子公司也可以汇报自己预算中的所需资源。决策者制订分配方案常常要考虑决策执行者的反应，就会涉及多层决策问题，因此企业信息化投资中的资源分配往往是一个多层决策问题。

目前，解决多层决策问题一般采用多层规划理论。在人类的不断发展中，社会结构愈来愈复杂，愈来愈呈现出多层次化的特征，对于多层规划的需求越来越多，进而产生多层规划。对于多层规划问题的研究历史很是悠久，早在20世纪50年代初期，有学者提出主从对策问题，引起了学术界的广泛兴趣，并专门发明了一个专业术语——Stackelberg对策，就是一个多层规划问题，该问题中有上、下层的关系，并且上、下层有各自不同的目标。在其后的60年代，有学者提出线性规划决策方法，该算法中有一个最高决策者，其利益高于所有其他层次，其他各层次的决策目标都是为了实现最高决策者的利益，其他各层次的利益也必须与最高决策者的利益完全一致。直到20世纪70年代，在解决实际生活问题的过程中人们渐渐意识到多层规划问题就是强调上、下层决策间相互影响，上、下层的问题不能分层独立求解，这就形成了多层规划问题的基本概念和基本求解算法。例如，卡西迪（Cassidy，1971）对政府的政策效力进行理论分析时使用了多层规划解决问题的方法；坎德勒（Candler，1977）和诺顿（Norton，1977）首次提出多层规划的概念，并将其运用在墨西哥农业模型的研究中。20世纪80年代，有学者在专业领域做出了贡献，首次将二层决策者引入Stackelberg模型中的约束条件，将Stackelberg问题转化成二层规划问题。接下来的40多年时间，多层规划的数学模型被发展得更加清晰，巴德（Bard，1984）等人又相继提出了N层规划模型。多层规划理论具有良好的逻辑性和使用价值，被广泛应用于各类学科中，如运筹学、管理科学、系统决策等。

二层规划目前是最普遍的，从中央和地方到公司和子公司，到处都有二层决策系统的实际例子。自坎德勒（Candler，1977）和诺顿（Norton，1977）首次提出二层规划和多层规划的概念以来，学者们对其进行了大量研究，其中包括理论研究和算法设计等。从20世纪80年代，我们国家的学者开始关注多层规划问题，研究的内容主要集中在一些特殊的二层规划问题上，常见的二层规划有显现二层规划、图二层规划、混合型整数线性二层规划等。中国科学院自动化研究所研究员郑应平和东北大学院士张嗣瀛最早开始对Stackelberg模型进行研究。90年代，中国科学院刘国山、汪寿阳、韩继业等多位研究员在二层规划的理论和应用研究方面做了很多的努力，使得二层规划有了新的进展，关于二层规划理论和算法方面的书籍也相继出现。总之，在过去的几十年，多层规划的理论与应用研究都得到了很大的发展，也将继续发展完善下去。

根据现实生活中企业集团进行信息化投资的特点，信息化投资也可以看成是一个二层规划问题。近年来已有学者采用二层规划方法对信息化投资进行了研究，张聪慧（2008）等建立了政府信息化投资的二层线性规划模型，其中上层是实现政府信息化投资整体效益最大化模型，下层是获得信息化资金的各企业效益最大化模型。该研究证实了二层规划方法在解决企业信息化升级投资中资源分配问题的可行性和有效性。

针对二层规划问题的求解，近年来不少学者尝试采用不同的方法。兰等（Lan. et al，1996）综合采用了神经网络和禁忌搜索算法；王广民（2007）构造了二层线性规划上层规划问题的适应度函数，由此设计了求解二层线性规划问题；其他方法还包括多目标进化算法、元启发式方法等。

2.5.2 粒子群算法

随着需求的增加，传统的优化算法类似于目标加权法、牛顿法、目标规划法、梯度法等在很多方面都不能满足需求，人们迫切需要一种新的思维方式和解决办法来应对，于是设计更高效的模型算法成了很多学者研究的目标。20 世纪 30 年代的研究发现，人们的交往过程是一个不断学习、相互影响和模仿的过程，于是越为相似，最终成了一种规范和文明。由于物种的不同导致行为习惯的不同，人类和鱼类或者鸟类的自然行为有很大的区别，但是处在一个多维的认知空间中的时候，人类的思维轨迹却与鸟类、鱼群非常相似。当然，人类的社会现象远比动物简单的集群活动要复杂得多：假定的思维空间的维度为多维度（维度要大于 3）；两种思维会相聚在一个焦点上而不是相互排斥对方，即不会产生冲突。自然界是神奇的，动物们在漫长的进化过程中不断地学习和改变，可能单个个体的行为很简单，但聚集在一起进行集体活动时，却能展现出复杂的、有规律的行为特征。人们从未停止过探索发现真理的脚步，不断地从自然界中学习，得到启发，并将其运用到实际中来解决一些复杂的计算问题。

人工智能优化算法自20世纪中期开始，就一直是国际上一个活跃的话题和众多学者研究的方向，如粒子群算法、蚁群算法、遗传算法、人工神经网络、人工免疫算法、模拟退火算法等。自然界中的生物都具有一定的群体行为，学者们为了挖掘其中价值，在计算机上构建了仿群体模型。群集智能的优化算法是一种模仿自然界动物觅食的模拟进化算法，在给定的搜索空间中，以点作为个体在此空间中移动，计算目标函数来度量好坏，运用达尔文“适者生存，不适者淘汰”的理论来进行筛选，其中个体之间可以相互影响和学习，不断进步，在有限的迭代次数中得出问题的最优解决方案。各类的优化算法本质上都是先确立目标函数，给定模型的参数，在运行结束后得到这个目标函数的最优解，所以实际上的一些优化问题又可以转化成函数的优化问题。粒子群优化算法（particle swarm optimization，PSO）又被叫作粒子群算法，它是模拟鸟类动物外出觅食行为的一种搜索优化算法，被归纳入了多主体优化系统。该算法由埃伯哈特（Eberhart，1997）和肯尼迪（kennedy，1997）发明，他们最开始是发现了鸟类喜欢群体的活动而受到的启发，和其他智能算法有着相同的一点，个体之间会相互影响和学习，通过这种协作式的觅食规律，可以在多维的空间中搜索到最优的觅食路径。该算法把群体中的每一只鸟看作是一个粒子，每个粒子对应的是问题域中的一个解决方案，所有的粒子都可以通过优化函数来计算适应值，评价出当前最优质的鸟，其他的鸟就会模仿这只最优值的鸟在搜索空间中移动。此外粒子群算法比较好理解，模型架构清晰、容易实现，参数变量相对于其他人工智能算法也偏少，所以越来越多的人都开始关注粒子群算法，其也成为国内外各学者的研究热点。但是粒子群算法也存在一定的不足，在实际应用过程中会发现它有“早熟”、计算精度不高的现象，于是大量学者开始改进该算法，提出了新的策略。尽管在短短的几十年里，PSO算法得到了很大的改善，但依旧存在着收敛速度过快、精度不高等问题。在解决单目标和多目标优化问题的时候，如何有效地避免粒子群算法本身所存在的不足，一直都是大多数学者关心的重点，所以对其的改进，不应该局限于理论，还应有实际应用价值［史和埃伯哈特（Shi and Eberhart，1999）；肯尼迪和埃伯哈特（Kennedy and Eberhart，2001）；克莱瑞克和肯尼迪（Clerc and Kennedy，2002）；揣乐（Trelea，2003）；马哈木达巴第（Mahmoodabadi，2014）］。

2.6 本章小结

结合上述学者的研究得知，企业信息化建设受到越来越多的关注，企业决策者最关心的问题是企业信息化投资决策问题。解决投资决策问题是避免企业信息化建设中资源浪费和投资失败的必经之路，这就需要科学地管理企业信息化建设投资的过程。在探讨企业信息化建设投资决策过程中，主要存在投资必要性、投资时机和投资取向这三个关键问题，其中投资必要性解决是否有必要进行投资，即投与不投；投资时机解决何时进行投资，选择最佳投资时间；投资取向解决选择在哪进行投资。

第一，“投资必要性”的问题。通过文献资料的整理可知，可以通过引入期权博弈理论来解决，利用实物期权理论建立项目价值函数评估模型，在博弈论的指导下考虑竞争因素对决策的影响，选取最优投资策略，决定投或不投。

第二，“投资时机”问题。通过上述对文献的研究可知，企业过早地进行信息化升级，不仅不能实现企业生产力的提高，还存在较大的投资升级失败风险；过晚地进行信息化投资升级，可能会错过新版本信息化水平所提供的竞争力。对于利益最大化而言，信息化投资绩效水平的分析依然是企业最关心问题。因此，本书在企业信息化的绩效评估理论基础之上，分析信息化升级投资时间的问题。

第三，“投资取向”的问题。通过以上文献的梳理可知，采用与现实生活情况更接近的二层规划模型，可以更好地解决资源分配的问题。该二层规划模型中上层部门对下层部门有约束力，同时下层部门也有自己的利益诉求，上层部门和下层部门的利益有时会发生冲突，这正符合实际生活中上下级的管理模式，最后通过粒子群算法对该二层规划模型进行求解。

本章讨论了现有企业信息化投资决策的理论与方法，对本书有着直接的意义。通过对各类方法的总结，拟解决企业在信息化升级投资决策方面上的这三个问题，并最终可以形成完整的企业信息化投资决策理论研究的框架。

3 企业间信息化投资竞争模型分析

3.1 信息化投资的期权博弈理论研究

目前，很多信息化项目都是为企业量身定做的，并且开发建设周期较长，从而阻碍了信息化投资资金的流动，造成了投资的不可逆。另外，信息化项目还具有可延期性，企业可以选择在当前时点实施信息化项目，也可以推迟信息化项目的实施。因此，在不确定环境下，信息化投资具有不可逆性和可延期性，从而具有了期权的性质。与此同时，企业在投资信息化项目时还必须考虑到竞争对手的相关情况，使信息化项目的投资具有了竞争性的特点，也就可以使用博弈论的方法进行分析。

运用实物期权理论和博弈论进行信息化项目的价值分析和投资决策分析时，必须要在前期设置好相关约束条件。由于涉及实物期权和博弈论两个步骤，不仅要设置实物期权价值评估的相关前置条件，同时也要设置博弈论（完全信息条件下的双寡头博弈）的相关前置条件，其主要内容是相关假设和参数设定，如双寡头博弈的条件以及几何布朗运动的基本设定等。

接下来，需要利用实物期权理论对信息化项目价值进行评估，这是本章的核心部分，直接关系到下一步博弈分析能否正常进行。就一般情况而言，可以用连续模型和离散模型对信息化项目进行实物期权价值评估，在本章中，考虑到和现实的贴近性等因素以及前面假设的约定，采取连续性模型进行实物期权价值评估。离散模型适用于市场信息充分的情况，如果市场信息不是很完善，就需要运用连续性模型分析实物期权的价值。一般而言，构建连续性模型时，都需要引入伊藤引理和随机过程。

下面介绍求取连续状态下实物期权价值的一般方法。

在用连续模型法评价信息化项目的实物期权过程中，首先需要引入的是不确定性因素。在此假设信息化项目在未来获得收益的现值 V（present value）遵守式所描述的几何布朗运动：

$$\mathrm{d}V = \alpha V \mathrm{d}t + \sigma V \mathrm{d}z \tag{3.1}$$

式中，α 的含义是该项目瞬间回报的期望率，σ 的含义是现值 V 的瞬时方差，dz

的含义是 V 的维纳过程增量。

现将 $F(V)$ 定义为企业信息化投资机会的价值，也就是该企业信息化投资项目的实物期权价值，注意和 V 的区别，并非同一个含义，V 是函数 F 的自变量。现设定投资的被实施时刻是 T，企业信息化投资在 T 时间之前，不会有任何的资金流产生，因此持有这一实物期权的唯一收益，只能是由资本增值带来的。综合以上的假定和分析，在企业持有这个实物期权的这段时间内（也就是不进行信息化投资的这段时间内）的贝尔曼方程为：

$$rF\mathrm{d}t = E[\mathrm{d}F(V)] \tag{3.2}$$

该式描述了实物期权的价值与时间和无风险利率的关系，是进行下一步分析的重要基础所在，式（3.2）中的 r 表示无风险利率，E 代表期权价值微分的数学期望。

式（3.2）具有如下的经济含义，它代表在单位时间内，信息化项目投资机会的总期望回报应该和其资本的预期增值率等同。运用微积分中的伊藤引理，分解展开 $\mathrm{d}F(V)$，得到如下公式：

$$\mathrm{d}F = \frac{1}{2}\frac{\partial^2 F(V)}{\partial V^2}(dV)^2 + \frac{\partial F(V)}{\partial V}\mathrm{d}V \tag{3.3}$$

接着将式（3.1）代入式（3.3）。在此采取较为简略的做法，去除式子中的冗余项。首先忽略 $\mathrm{d}t$ 的高阶项，并且利用维纳过程增量的期望为 0 的性质，也就是 $E(\mathrm{d}z) = 0$，应用以上条件和性质，可以得到如下公式：

$$E(\mathrm{d}F) = \frac{1}{2}\sigma^2 V^2 \frac{\partial^2 F(V)}{\partial V^2}\mathrm{d}t + (r - \delta) V \frac{\partial F(V)}{\partial V}\mathrm{d}t \tag{3.4}$$

继续将式（3.4）代入式（3.2）。考虑到算式的具体特点，约去 dt，得到具有一般意义的微分方程：

$$\frac{1}{2}\sigma^2 V^2 \frac{\partial^2 F(V)}{\partial V^2} + (r - \delta) V \frac{\partial F(V)}{\partial V} - rF = 0 \tag{3.5}$$

其中，δ 表示推迟信息化投资的具有经济学意义的机会成本。

定义 $\alpha = r - \delta$，表示无风险利率和机会成本的差值，也就是所谓的漂移值。事实上，从式（3.5）中可以轻易得到所要表达的含义，即在企业持有一个价值为 F 的信息化投资的实物期权时，需要同时卖空数量为 $\partial F(V)/\partial V$ 的资产，并且依照 V 的持续改变进行对冲交易。信息化投资项目的现金流量无法复制时，将式（3.5）略作更改，引入 α，得到下式微分方程：

$$\frac{1}{2}\sigma^2 V^2 \frac{\partial^2 F(V)}{\partial V^2} + \alpha V \frac{\partial F(V)}{\partial V} - (\alpha + \delta) F = 0 \tag{3.6}$$

以上只是具有普遍和一般意义的方程，阐明了信息化项目的期权价值，可以用它来进行项目估值的工作。式（3.6）只是一个基本模型，对不确定性因素考虑并不周全，因此在下文中还需要引入更多的不确定性因素来生成更为完整的模型，以便更为贴近现实，具有实际上的应用意义。

在用实物期权理论进行信息化投资项目的价值评估之后，考虑博弈理论中的竞争性的特点，继续进行分析，得出最优化的投资方案。由于篇幅限制，同时考虑到现实生活的具体情况，引入双寡头垄断模型，开展博弈模型的分析，以期能为信息化投资做出相应的指导。

在双寡头垄断环境下，共有两个企业参与竞争，这两个企业由于处在同一行业内，具有竞争的关系和特点。按商业思维进行假定，把先进行投资的企业定义为领先者，跟随领先者进行投资的企业定义为跟随者。

3.2 基本假设和参数设定

就前文而言，本章研究需要先做出如下假设。

第一，该双寡头博弈属于完全信息条件下的连续博弈，参与双方都是完全理性的，并且该博弈属于动态博弈，而非静态博弈。

第二，由于是双寡头博弈模型，假设行业中只存在两家风险，并且都以追求最大收益为目标的非对称企业，并且两个企业处于竞争状态。

第三，两家企业都持有是否信息化投资项目的实物期权，并且可以自由选择行权时间。

第四，信息化投资项目成果可以完全被替代，但是存在相应的生产经营成本，该项信息化投资存在沉没成本，主要包括投资成本的耗费和投资时间的使用。

第五，信息化投资必然成功，不考虑失败的可能性，整个投资决策只受到市场不确定性的影响。

第六，存在随机的市场需求冲击，并且该市场需求冲击服从带符合泊松分布的突发事件的几何布朗运动。

第七，一个企业首先进行信息化投资会具有先动优势，并且削弱另一个企业的实物期权价值。

基于以上假设，假定在某一相同行业中存在两个企业：企业 i 和企业 j，两家企业形成事实上的寡头垄断关系，则可以得到任意一家企业的反需求函数为：

$$P_k(t) = Y(t)D_k(N_i, N_j),\ k \in \{i, j\} \tag{3.7}$$

式中，$k \in \{i, j\}$ 表示两个企业中的任意一家企业，用下标表示；$P_k(t)$ 表示企业 i 或 j 的信息化投资项目的市场价值，由于两个企业具有对称性，为了简便起见，下面不区分两个企业；$Y(t)$ 表示市场需求的冲击，如前文假设所设定，定义该冲击服从带正向跳跃的几何布朗运动，虽然也可以定义为该跳跃是负向的，但考虑到整个宏观经济的发展趋向，将该跳跃定义为正向跳跃。

$$\mathrm{d}Y(t) = (r - \delta)Y(t)\mathrm{d}t + \sigma Y(t)\mathrm{d}z + Y(t)\mathrm{d}q \tag{3.8}$$

为了推导的顺利，定义 $\mathrm{d}q$ 和 $\mathrm{d}z$ 相互独立，式（3.8）表明突发事件对项目价值的影响是积极的。式中，σ 为波动率，表示需求冲击随机变化的幅度值，该值越大，需求变化的幅度越大；$\mathrm{d}z$ 为标准维纳增量，其服从期望和标准差分别是 0 和 $\sqrt{dt}$ 的正态分布；在基础式子的基础上引入了正向跳跃，主要是依靠 $\mathrm{d}q$ 来实现的，$\mathrm{d}q$ 是突发事件对需求的影响，它是平均发生的概率和时间分别为 $\lambda(\lambda > 0)$ 和 $1/\lambda$ 的泊松过程。

下面探讨 $\mathrm{d}q$ 的概率分布函数来更好地理解变量的意义。

$\mathrm{d}q$ 的概率分布函数为：

$$f(\mathrm{d}q) = \begin{cases} 1 - \lambda \mathrm{d}t & \mathrm{d}q = 0 \\ \lambda \mathrm{d}t & \mathrm{d}q = \theta \\ 0 & \text{其他} \end{cases} \tag{3.9}$$

式中，f 为 $\mathrm{d}q$ 的概率分布函数；$\theta(\theta \in R)$ 表示正向跳跃（突发事件）对需求的影响程度，程度越高，表示影响的强度越强。

在式（3.8）中，右侧第三项具有明确的经济意义，它说明在每一个长度为 dt 的时间间隔内，突发事件以 λdt 概率发生，并导致市场需求增加到原来的 $(1+\theta)$ 倍。

式（3.7）中的 $D(N_i,N_j)$（代表企业 i 面临的需求系数）取决于企业 i 和企业 j 信息化投资行为的市场需求参数，且 N_i 和 N_j 都满足：

$$N_k=\begin{cases}0,\text{企业不进行信息化投资}\\1,\text{企业进行信息化投资}\end{cases},\ k\in\{i,j\} \tag{3.10}$$

因此，$D(N_i,N_j)$ 可以表示以下四种状态。

第一，$D(0,0)$ 即表示两家企业都不进行信息化投资，因此也就没有了领导者和追随者之说。

第二，$D(0,1)$ 即企业 j 首先投资成为领导者，而企业 i 作为跟随者，还没有投资。

第三，$D(1,0)$ 即企业 i 首先投资成为领导者，而企业 j 作为跟随者，还没有投资。

第四，$D(1,1)$ 即表示两家企业都已经进行了信息化投资。

依据前文做出的假设，抢先进入的企业具有先动优势，那么 $D(N_i,N_j)$ 需要满足以下两个条件（以企业 i 面临的需求函数为例，由于对称性，不讨论企业 j）。

$$D(1,0)>D(1,1)>D(0,0)>D(0,1) \tag{3.11}$$

$$D(1,0)-D(0,0)>D(1,1)-D(0,1) \tag{3.12}$$

式（3.11）是对信息化投资具有负外部性的描述，这意味着一个企业的抢先投资会降低另一个企业的需求系数。$D(1,0)>D(1,1)$ 意味着领先者的垄断收益会随着跟随者的进入而减少；$D(1,1)>D(0,0)$ 意味着同时投资和同时不投资相比较，由于扩大了市场，企业 i 面临的市场需求也要大；$D(0,0)>D(0,1)$ 意味着处于等待状态的企业的收益会因竞争对手的抢先投资而减少。

式（3.12）是对先动优势的描述：企业 i 在企业 j 不投资的情况下，和企业 j 已先行投资的情况做对比，如果企业 i 决定投资，获得的利润第一种情况增加量更多。

需说明的是，以上仅以企业 i 作为主体对象进行举例，企业 j 与此情况刚好相反。

如前文所述，信息化投资存在沉没成本，在这里定义为 I（也就是实物期权的执行价格），投资是不可逆的，且 $I_i \neq I_j$；维护成本为 $c_k(k = i,j)$，且 $c_i \neq c_j$。存在维护成本的情况下，企业 i 的利润流可以用下式表示：

$$\pi(N_i,N_j) = Y(t)D(N_i,N_j) - N_i c_i \tag{3.13}$$

3.3 价值函数与投资临界值

在本章中，博弈中的领导者和跟随者的身份并非是外部指定的，而是在两者的博弈过程中内部产生的，本章的博弈并非是单次博弈过程，而是连续时间博弈的过程，即两个企业可以选择任何时点采取行权行动。把抢先投资的企业定义为领先者，那么另一个企业也就只能作为跟随者而存在了。采取博弈论的一般方法，跟随者需要针对领导者的动作而采取相应行动，而领导者也要对跟随者的反应而做出相应行动，从而完成一般的博弈过程，这也就是所谓的逆向倒推法。

定义如果两个企业先后投资，那么领先者的价值函数记为 $L(Y)$，跟随者的价值函数记为 $F(Y)$。企业在价值函数最大时选择执行该实物期权，以 Y_l^* 和 Y_f^* 分别记为领先者和跟随者的最优投资临界值，T_l^* 和 T_f^* 分别记为领先者和跟随者的最优投资时点。

3.3.1 跟随者的价值函数和投资临界值

由于领先者已经进行了信息化投资，那么跟随者要对此有所反应，依据此逻辑求出跟随者的价值函数，并确定投资临界值。投资临界值的含义是，当价值函数值小于该投资临界值时，选择等待是理性选择；当价值函数值大于该投资临界值时，选择投资是理性选择。

如上文定义，跟随者 i 的期权价值为 $F_i(Y)$，由于此时还没有成本，跟随者初始利润流为 $\pi(0,1) = YD(0,1)$，根据贝尔曼方程（Bellman Equation），

可以轻易得到下式:

$$rF_i(Y)\mathrm{d}t = E[\mathrm{d}F_i(Y)] + YD(0,1)\mathrm{d}t \tag{3.14}$$

在式(3.14)中 $dF_i(Y)$ 可以由伊藤引理展开得到:

$$\mathrm{d}F_i(Y) = \frac{1}{2}\frac{\partial^2 F_i(Y)}{\partial Y^2}(\mathrm{d}t)^2 + \frac{\partial F_i(Y)}{\partial Y}\mathrm{d}t \tag{3.15}$$

将式(3.15)代入式(3.14),可以得到一个关于 $F_i(Y)$ 的常微分方程,用下式表示:

$$\frac{1}{2}\sigma^2 Y^2 \frac{\partial^2 F_i}{\partial Y^2} + \alpha Y \frac{\partial F_i}{\partial Y} + \lambda\{F_i[(1+\theta)Y] - F_i(Y)\} - rF_i(Y) + YD(0,1) = 0 \tag{3.16}$$

$F_i(Y)$ 的通解形式是:

$$F_i(Y) = AY^{\beta_1} + BY^{\beta_2} + \frac{YD(0,1)}{r-\alpha-\lambda\theta} \tag{3.17}$$

方程的特解是 $\frac{YD(0,1)}{r-\alpha+\lambda\theta}$, A、B 和 β_1、β_2 是常数。β_1、β_2 是以下方程的解:

$$\frac{1}{2}\sigma^2\beta^2 + \left(\alpha - \frac{1}{2}\sigma^2\right)\beta - r + \lambda[(1+\theta)^\beta - 1] = 0 \tag{3.18}$$

在式(3.18)的求解过程中,可以发现 $\beta_1 > 1$,而且当 Y 趋近于零时,$F_i(Y)$ 也趋近于零,使得 BY^{β_2} 无意义,所以 B 只能等于零。

因此,跟随者的价值函数可以表述为:

$$F_i(Y) = \begin{cases} AY^{\beta_1} + \frac{YD(0,1)}{r-\alpha-\lambda\theta}, Y < Y_{if}^* \\ \frac{YD(1,1)}{r-\alpha-\lambda\theta} - \left(I_i + \frac{c_i}{r-\lambda\theta}\right), Y \geqslant Y_{if}^* \end{cases} \tag{3.19}$$

$F_i(Y)$ 需要满足价值匹配和平滑粘贴两个边界条件。价值匹配条件就是 $F_i(Y)$ 在 $Y = Y_{if}^*$ 时连续,平滑粘贴条件就是 $F_i(Y)$ 在 $Y = Y_{if}^*$ 时可微,由这两个条件可以得到方程组:

$$\begin{cases} AY^{\beta_1} + \frac{YD(0,1)}{r-\alpha-\lambda\theta} = \frac{YD(1,1)}{r-\alpha-\lambda\theta} - \left(I_i + \frac{c_i}{r-\lambda\theta}\right) \\ \beta_1 AY^{\beta_1-1} + \frac{D(0,1)}{r-\alpha-\lambda\theta} = \frac{D(1,1)}{r-\alpha-\lambda\theta} \end{cases} \tag{3.20}$$

求解方程组（3.20）可得：

$$A = \frac{Y_{if}^{*(1-\beta_1)}}{\beta_1} \cdot \frac{D(1,1) - D(0,1)}{r - \alpha - \lambda\theta} \tag{3.21}$$

$$Y_{if}^* = \frac{\beta_1}{\beta_1 - 1} \cdot \frac{r - \alpha - \lambda\theta}{D(1,1) - D(0,1)} \cdot \left(I_i + \frac{c_i}{r - \lambda\theta}\right) \tag{3.22}$$

将式（3.21）代入式（3.19）得到跟随者信息化投资的期权价值：

$$F_i(Y) = \begin{cases} \left(\frac{Y}{Y_{if}^*}\right)^{\beta_1} \frac{Y_{if}^*}{\beta_1} \cdot \frac{D(1,1) - D(0,1)}{r - \alpha - \lambda\theta} + \frac{YD(0,1)}{r - \alpha - \lambda\theta}, Y < Y_{if}^* \\ \frac{YD(1,1)}{r - \alpha - \lambda\theta} - \left(I_i + \frac{c_i}{r - \lambda\theta}\right), Y \geqslant Y_{if}^* \end{cases} \tag{3.23}$$

式中，Y_{if}^* 即跟随者的最优临界值。

根据前文的分析，跟随者的最优投资时机可以用下式表示：

$$T_{if}^* = \inf(t \geqslant 0 \mid Y \geqslant Y_{if}^*) \tag{3.24}$$

式中，T_{if}^* 即指跟随者的 Y 首次到达 Y_{if}^* 的时间。

企业 j 的投资临界值和时间也可以轻易给出。

企业 j 的信息化投资期权价值：

$$F_j(Y) = \begin{cases} \left(\frac{Y}{Y_{jf}^*}\right)\beta_1 \frac{Y_{jf}^*}{\beta_1} \cdot \frac{D(1,1) - D(0,1)}{r - \alpha - \lambda\theta} + \frac{YD(0,1)}{r - \alpha - \lambda\theta}, Y < Y_{jf}^* \\ \frac{YD(1,1)}{r - \alpha - \lambda\theta} - \left(I_j + \frac{c_j}{r - \lambda\theta}\right), Y \geqslant Y_{jf}^* \end{cases} \tag{3.25}$$

企业 j 作为跟随者的投资临界值为：

$$Y_{jf}^* = \frac{\beta_1}{\beta_1 - 1} \cdot \frac{r - \alpha - \lambda\theta}{D(1,1) - D(0,1)} \cdot \left(I_j + \frac{c_j}{r - \lambda\theta}\right) \tag{3.26}$$

3.3.2 领先者的价值函数和投资临界值

假定 i 为领先者，那么跟随者 j 没有进入之前，领先者 i 可以得到的垄断收益为 $\pi(1,0) = YD(1,0) - c_i$，但是当跟随者也进行信息化投资之后，领先者企业 i 这个收益就变为 $\pi(1,1) = YD(1,1) - c_i$。根据贝尔曼方程，由扩展的伊藤引理得到 $L_i(Y)$ 符合方程：

$$\frac{1}{2}\sigma^2 Y^2 \frac{\partial^2 L_i}{\partial Y^2} + \alpha Y \frac{\partial L_i}{\partial Y} + \lambda\{L_i[(1+\theta)Y] - L_i(Y)\} - rL_i(Y) + YD(1,0) - c_i = 0 \tag{3.27}$$

与上一节类似，可以得到投资者的信息化投资期权价值为一个分段函数，可以表述为：

$$L_i(Y) = \begin{cases} AY^{\beta_1} + \dfrac{YD(1,0)}{r-\alpha-\lambda\theta} - \dfrac{c_i}{r}, Y < Y_{if}^* \\ \dfrac{YD(1,1)}{r-\alpha-\lambda\theta} - \left(I_i + \dfrac{c_i}{r-\lambda\theta}\right), Y \geqslant Y_{if}^* \end{cases} \tag{3.28}$$

式（3.28）需要满足在 $Y = Y_{if}^*$ 处连续的边界条件。不过需要注意的是，这里没有平滑粘贴条件的限制，这是因为跟随者的投资临界对跟随者而言是最优的，但是对于领导者而言不一定是最优的。

由于式（3.28）需要符合边界条件，可以得到：

$$A = \frac{1}{Y_{if}^{*\beta_1}}\left[\frac{Y_{if}^*(D(1,1) - D(1,0))}{r-\alpha-\lambda\theta} + \frac{c_i}{r} - \left(I_i + \frac{c_i}{r-\lambda\theta}\right)\right] \tag{3.29}$$

进而，领先者的价值函数为：

$$L_i(Y) = \begin{cases} \dfrac{1}{Y_{if}^{*\beta_1}}\left[\dfrac{Y_{if}^*(D(1,1) - D(1,0))}{r-\alpha-\lambda\theta} + \dfrac{c_i}{r} - \left(I_i + \dfrac{c_i}{r-\lambda\theta}\right)\right]Y^{\beta_1} + \\ \dfrac{YD(1,0)}{r-\alpha-\lambda\theta} - \dfrac{c_i}{r}, Y < Y_{if}^* \\ \dfrac{YD(1,1)}{r-\alpha-\lambda\theta} - \left(I_i + \dfrac{c_i}{r-\lambda\theta}\right), Y \geqslant Y_{if}^* \end{cases} \tag{3.30}$$

式中，Y_{if}^* 是跟随者 j 的最优投资临界值，可以根据前面提到的式（3.26）得到。

引出垄断投资临界值的概念，当企业 i 不面临另一个企业抢先投资的威胁时，企业可以在最优的垄断投资临界值点进行投资，在该点投资，领导者企业 i 可以独享垄断投资收益。定义最佳进入临界值就是企业 i 的垄断投资临界值 Y_{im}^*，与上节类似，可以轻易得到：

$$Y_{im}^{*} = \frac{\beta_1}{\beta_1 - 1} \cdot \frac{r - \alpha - \lambda\theta}{D(1,0) - D(0,0)} \cdot \left(I_i + \frac{c_i}{r - \lambda\theta}\right) \tag{3.31}$$

经过分析，领先者 i 的最优投资策略就是在跟随者投资之前，在自身领先者价值函数首次超过跟随者价值函数的那一点上投资，只有这样领先者才能成为领先者，也有动力成为领先者。因此，领先者的投资临界值 Y_{il}^{*} 可以用下式表示：

$$Y_{il}^{*} = \min\{Y_i \mid L_i(Y) = F_i(Y), 0 < Y < Y_{jf}^{*}\} \tag{3.32}$$

领先者 i 的最优投资时机可以表示为：

$$T_{il}^{*} = \inf(t \geqslant 0 \mid Y \geqslant Y_{il}^{*}) \tag{3.33}$$

式中，T_{il}^{*} 表示 Y 首次达到 Y_{il}^{*} 的时间。

同理可以知道，企业 j 的领先者价值投资函数表达式为：

$$L_j(Y) = \begin{cases} \dfrac{1}{Y_{if}^{*\beta_1}}\left[\dfrac{Y_{if}^{*}(D(1,1) - D(1,0))}{r - \alpha - \lambda\theta} + \dfrac{c_j}{r} - \left(I_j + \dfrac{c_j}{r - \lambda\theta}\right)\right]Y^{\beta_1} + \\ \dfrac{YD(1,0)}{r - \alpha - \lambda\theta} - \dfrac{c_j}{r}, Y < Y_{if}^{*} \\ \dfrac{YD(1,1)}{r - \alpha - \lambda\theta} - \left(I_j + \dfrac{c_j}{r - \lambda\theta}\right), Y \geqslant Y_{if}^{*} \end{cases} \tag{3.34}$$

企业 j 作为领先者的投资临界值为：

$$Y_{jl}^{*} = \min\{Y_j \mid L_j(Y) = F_j(Y), 0 < Y < Y_{if}^{*}\} \tag{3.35}$$

领先者 j 的最优投资时机可以表示为：

$$T_{jl}^{*} = \inf(t \geqslant 0 \mid Y \geqslant Y_{jl}^{*}) \tag{3.36}$$

式中，T_{jl}^{*} 表示 Y 首次达到 Y_{jl}^{*} 的时间。

企业 j 的垄断投资临界值 Y_{jm}^{*} 可以表示为：

$$Y_{jm}^{*} = \frac{\beta_1}{\beta_1 - 1} \cdot \frac{r - \alpha - \lambda\theta}{D(0,1) - D(0,0)} \cdot \left(I_j + \frac{c_j}{r - \lambda\theta}\right) \tag{3.37}$$

3.4 实证分析

本书中信息化投资均衡状态是指两家企业的信息化投资博弈过程达到了

一种稳定的状态，以至于双方都没有改变的动力。稳态主要是以信息化项目的投资价值为指标进行衡量的，由于本书研究的是非对称企业，企业的不同将影响均衡状态的形成。本节将针对两个非对称企业的自身特点进行探究，主要考虑成本因素，从而形成企业的策略。现在假设市场上有两个企业：企业 i 和企业 j，它们处于同样的细分市场，且产品完全相同，现在两个企业都面临同样的信息化投资机会，投资的话必然成功，只是两者的信息化投资成本不同。需要通过数值仿真的方式得到二者的合理的投资策略。

在此假设企业 i 存在经营成本优势，即 $C_i < C_j$，这一点主要体现在 I 和 C 的区别，其他变量初始值如表 3.1 所示（各个变量的含义，前文中已经说明，在此不一一赘述）。

表 3.1　变量初始值

参数	取值	参数	取值
r	0.07	I_j	125
α	0.005	c_j	3.9
σ	0.05	$D(1,0)$	10.5
λ	0.06	$D(1,1)$	9
θ	0.2	$D(0,0)$	8.5
I_i	100	$D(0,1)$	8
c_i	1.3		

在进行数值仿真的过程中，面临的首要问题是求得 β 值。使用牛顿迭代法求解方程（3.18），应用 Matlab 软件可得到 $\beta_1 = 3.1251$，利用 β_1 可以求得一系列值。

$$\begin{cases} Y_{if}^* = 9.5409 \\ Y_{jf}^* = 14.983 \end{cases} \tag{3.38}$$

$$\begin{cases} Y_{im}^* = 4.7704 \\ Y_{jm}^* = 7.4916 \end{cases} \tag{3.39}$$

进而得到企业 i 作为跟随者的价值函数为：

$$F_i(Y)=\begin{cases}0.05Y^{3.1251}+150.9434Y,\ Y<9.5409\\169.8113Y-122.4138,\ Y\geq 9.5409\end{cases} \tag{3.40}$$

以及企业 i 作为领先者的价值函数为：

$$L_i(Y)=\begin{cases}-0.1118Y^{3.1251}+198.1132Y-18.5714,\ Y<14.983\\169.8113Y-122.4138,\ Y\geq 14.983\end{cases} \tag{3.41}$$

依据结果，画出企业 i 的价值函数，如图 3.1 所示。

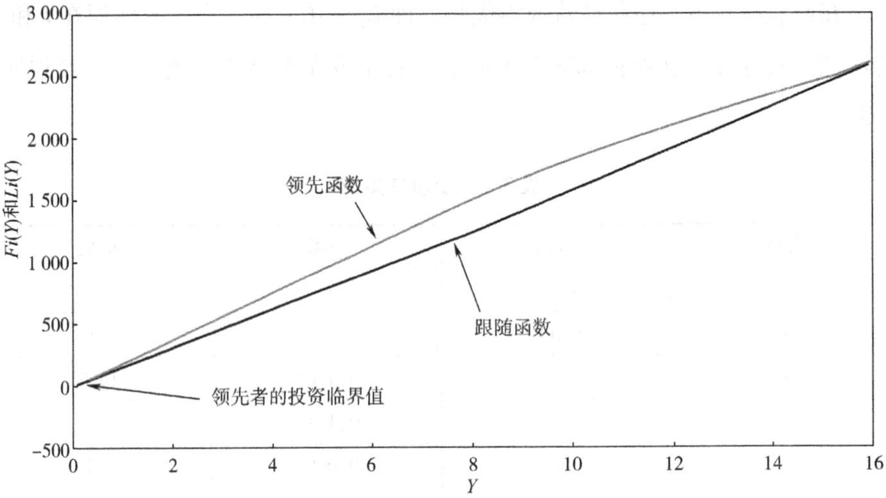

图 3.1　企业 i 的价值函数图

用 Matlab 中的库函数 Fsolve 函数求得领先者 i 的投资临界值为 $Y_{il}^{*}=0.3939$，进而可以得到企业 i 的领先函数和跟随函数的另一个交点横坐标为 $Y_{if}^{*}=14.983$。

同理，得到企业 j 作为跟随者的价值函数为：

$$F_j(Y)=\begin{cases}0.0192Y^{3.1251}+150.9434Y,\ Y<14.983\\169.8113Y-192.2414,\ Y\geq 14.983\end{cases} \tag{3.42}$$

以及企业 j 作为领先者的价值函数为：

$$L_j(Y)=\begin{cases}-0.353^{3.1251}+198.1132Y-55.7143,\ Y<9.5409\\169.8113Y-192.2414,\ Y\geq 9.5409\end{cases} \tag{3.43}$$

企业 j 的价值函数，如图 3.2 所示。

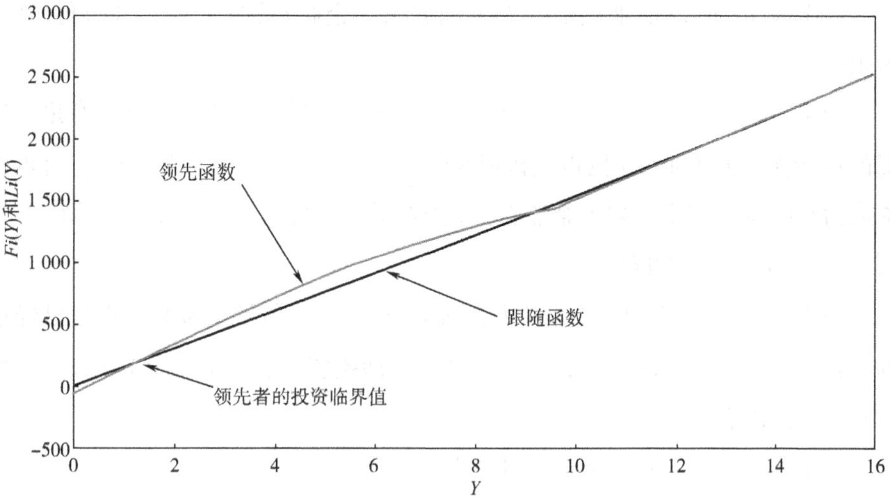

图 3.2　企业 j 的价值函数图

求得领先者 j 的投资临界值为 $Y_{jl}^{*}=1.1949$。

观察企业 j 的价值函数图时，还可以发现领先函数和跟随函数除了在 Y_{jl}^{*} 处相交外还有两个交点，把前一个交点定义为 Y_{jl}^{**}，通过 Matlab 的 Fsolve 函数可以求得 $Y_{jl}^{**}=9.1476$。

对于企业 i 而言，Y 的值从小到大分别为：

$$Y_{il}^{*}=0.3939,\ Y_{im}^{*}=4.7704,\ Y_{if}^{*}=9.5409,\ Y_{jf}^{*}=14.983 \tag{3.44}$$

对于企业 j 而言，Y 的值从小到大分别为：

$$Y_{jl}^{*}=1.1949,\ Y_{jm}^{*}=7.4916,\ Y_{jl}^{**}=9.1476,\ Y_{jf}^{*}=14.983 \tag{3.45}$$

在 $[Y_{jl}^{*}, Y_{jl}^{**}]$ 区间范围内，企业 j 的领先函数的值是大于跟随函数的值。在此区间范围内，企业 j 具有抢先投资的动机，而 Y_{im}^{*} 是在该区间范围内的，那么企业 i 就无法在自己的垄断投资临界值进行投资了，因为如果企业 i 等到 Y_{im}^{*} 后再投资的话，那么很有可能已经被企业 j 抢先投资了，从而失去了作为领导者的机会。因此，企业 j 的抢先投资区域对企业 i 的投资策略具有重要影响。

基于以上的分析，下面对市场初始需求的大小分情况进行讨论。

当 $Y < Y_{jl}^*$ 时，企业 i 在 Y_{jl}^* 处进行投资，企业 j 等待 $Y = Y_{if}^*$ 时再投资成为跟随者。

当 $Y_{jl}^* < Y < Y_{jl}^{**}$ 时，因为处于企业 j 的抢先领域内，所以双方都有抢先投资的可能性。如果企业 i 抢得先机成为领先者，那么企业 j 等待 $Y = Y_{if}^*$ 时再投资成为跟随者；相反，如果企业 j 抢得先机成为领先者，那么企业 i 等待 $Y = Y_{if}^*$ 时再投资成为跟随者。

当 $Y_{jl}^{**} < Y < Y_{if}^*$ 时，企业 i 不会面临企业 j 抢先投资的威胁，但是已经达到了自己的领先投资临界值，所以会选择立即投资，企业 j 等待 $Y = Y_{if}^*$ 时再投资成为跟随者。

当 $Y > Y_{if}^*$ 时，两个企业立即投资。

3.5 本章小结

本章运用期权博弈理论建立了企业信息化投资竞争模型并进行了实证分析。首先利用实物期权理论评估信息化项目价值，然后用博弈论开展竞争的互动分析，从而得到最优投资策略。具体而言，本章建立了基于实物期权的完全信息条件下的双寡头博弈模型。首先，需要设置变量并提出相关假设，主要包括投资项目自身的基本情况，如期望收益率、项目现金流量、项目期权价值、资本支出等；另外还包括项目中的环境因素，如竞争对手、经济租金、无风险利率等。其次，运用实物期权理论对信息化投资项目的实物期权价值进行评估。再次，定义了价值函数以及若干投资临界值和投资时点，并研究了领导者和追随者的互动情形。最后，做了数值仿真，得出了在不同的 Y 值时的企业最优投资策略。虽然建立的模型无法直接套用到实际企业的信息化投资决策过程中来，但可以对企业的信息化投资提供方法论和策略方面的借鉴意义，具有较好的学术价值和实际应用价值。

4　企业信息化投资时间决策模型分析

4.1 投资时间域选择的必要分析

信息化不仅影响企业生产和经营，而且对企业的组织管理模式产生着影响，可以说它影响着企业的全过程。随着社会和市场环境的变化和发展，企业自身也必须不断地发展，以适应新形势的需求，因而不可避免地带来了企业信息系统的升级改造。主要的原因如下。

第一，企业自身的高速发展，使得原有的信息系统不支持或者不能满足业务需要。为了增强现有信息系统的适应能力，提高工作效率，进一步扩大企业经营收益，企业投资升级原有信息系统的功能，希望新系统能够给企业带来巨大的收益。

第二，企业原有业务内容和业务流程发生变化。例如，企业生产或经营的产品的市场需求发生变化，由此导致原有信息系统功能的缺失或不足，进而导致企业的生产经营收益大幅下降。为了使原有信息系统适应新的业务内容和流程而进行的升级投资，其价值在于恢复乃至提高原有信息系统的功能，以适应新业务的需求，从而提高企业的收益。

企业信息化发展具有从低级阶段向高级阶段发展的阶段性特征，相对于其他领域的升级而言，企业信息化升级具有阶段性特征所决定的独特范畴和内容，具体包括与信息化某一阶段相对应的具体升级对象的确定、信息化升级中的选择取向等。显然，研究企业信息化升级时机的决策问题，首要的是要确定企业信息化的发展阶段和相应的信息化水平。企业信息化发展的阶段性研究已有较为成熟的理论基础，其中企业信息化能力成熟度模型（EICMM）是企业在信息化不同发展阶段水平的综合反映。EICMM 将处于不同规模、不同发展阶段的企业根据自身所处的信息化发展情况，划分为初始级、技术支撑级、管理模式级、综合集成级和优化级五个能力成熟度等级，能具体测度每一个企业信息化能力成熟度等级。本书之所以选择 EICMM，一方面是因为该研究成果在实践中得到了较好的验证；另一方面是因为 EICMM 的关键过程域理论能指导如何确定信息化升级时机。

由于信息化升级的特殊性，对于升级决策而言，不仅要考虑软件版本的升级费用，还要考虑诸多相关技术、管理和组织问题。对于企业组织来讲，信息化升级还面临着投资收益与企业竞争的两难：如果信息系统升级过早，企业还没有完全获得原有系统运行使用的商业收益（财务、运营以及战略利益），还没有收回初始的信息系统投资；如果信息系统升级太晚，则有可能错失升级信息系统给企业所带来的获取竞争优势和业务发展的机会，而让竞争对手捷足先登。因此，如何科学合理地选择企业信息化升级的时机，从而获取更大的投资总体收益，提升企业管理水平，增强企业的竞争力，这不仅是信息化升级中的第一个环节，也是关键环节，它直接决定着企业信息系统升级的成败。

4.2 绩效水平评价的参数设定确立

在 EICMM 中，在企业信息化评价指标体系的基础上，添加企业运营成本与收益指标，量化企业信息化投入产出。投入产出要素体系的建立应综合反映出企业信息化项目建设所带来的显性收益和隐性收益，指标建立应具有数据可测性和易测性、指标含义的广泛性和延伸性等，同时既要体现企业经济效益的变化，也要反映经济效益的提高。由于企业规模的不同带来信息化建设的收益成本不同，应尽量去除由于人员规模不同、企业资产规模不同等其他原因对信息化绩效水平的影响。本书综合考虑以上的投入产出指标标准，建立绩效水平评价指标的测算方式，如表 4.1 所示。

表 4.1　绩效水平评价指标的测算方式

单位：万元

指标类别	指标名称	指标计算方式	序号
投入指标	信息化创造的平均成本	=（信息化建设成本 + 运营维护成本 − 企业折旧成本）/（信息化运营时间 × 人员数量）	(4.1)
产出指标	信息化创造的平均收益	=（主营业务利润 − 专家评审非信息化影响因素）/（信息化运营时间 × 人员数量）	(4.2)
信息化建设水平	信息化能力成熟度	= 发展水平指数 ⊕ 发展质量指数 ⊕ 发展能力指数 ⊕ 适应度指数	(4.3)

4.3 企业信息化投资时间选择模型建立

随着社会各领域信息化进程的持续快速推进，信息技术成为企业运作与管理的重要手段。各领域对信息化建设的要求逐渐提高，目前现有的信息化建设水平不足以满足现实社会发展的需求，所以企业迫切需要进行信息化升级。但现实表明，市场存在很多的投资黑洞，这是企业家们开始关注企业信息化升级决策分析问题的原因。本书在这样的现实背景下，就信息化的绩效水平进行分析，为企业信息化升级时间的确定提供佐证。

本书对前人所提出的评价企业信息化投入产出的指标进行分类研究，提出更具针对性的评价企业信息化的绩效评估指标，以此建立最适时间域选择模型中的指标变量。以企业信息化运营时间作为解释变量，来模拟各指标的变化情况。将绩效水平与时间的变化关系作为企业信息化升级最适时间域选择的切入点，建立回归分析模型。采用所收集的大量横截面数据验证分析该回归模型的稳定性与实用性，最终通过回归模型分析分别得出企业在信息化方面的绩效水平与时间的变化趋势，以企业利润最大化为原则，选取投资绩效最大的信息化升级最适时间段，并以实际数据验证信息化升级投资决策最适时间域的分析模型。相对于绩效评估理论、个体经济学中厂商理论和规模经济理论，本书以前人的研究作为分析基础，得出如下结论。

第一，企业信息化投资收益的时间变化模式分析。在一定的时间规模范围内，由于信息化在企业中使用程度不断提高，使用的熟练程度也逐渐提高，企业对于某一信息化建设的认知水平提高，使得企业在这一阶段信息化与管理模式的结合越来越好，从而为企业创造更多收益，平均收益逐渐上升。但当企业信息化的运营时间规模达到一定程度时，也会因信息化建设与企业运营管理过程的匹配程度不强、对市场管理模式变化的适应程度较弱、企业信息化管理运营模式逐步脱离市场发展等因素，导致企业在该信息化水平下所创造的收益下降。综合上述分析，企业信息化创造的平均收益曲线呈现凸型的变化，具体描述如图 4.1 所示。

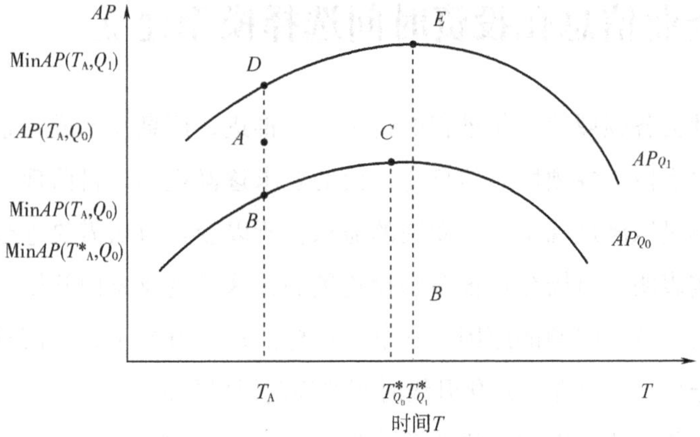

图 4.1　平均收益随时间变化曲线

企业信息化平均收益 AP 为被解释变量，信息化营运时间 T 为解释变量，企业信息化能力成熟度水平 Q 为虚拟变量。假设 AP 以 T、Q 的变化进行模拟，其函数即为：$AP=f(T,Q)$，且变动参数 $\alpha_0(Q)$、$\alpha_1(Q)$、$\alpha_2(Q)$ 受到 Q 的影响。建立影响关系模式如下：

$$AP=\alpha_0(Q)+\alpha_1(Q)T+\alpha_2(Q)T^2 \tag{4.4}$$

但是，若企业之间的信息化能力成熟度存在差异，则平均收益随运营时间的变化关系之间就会受到能力成熟度水平不同的影响。就大多数企业而言，信息化项目的能力成熟度水平越高，平均收益也随之提高。因此，平均收益随运营时间延长而下降的效果，会与随信息化能力成熟度水平提高而导致平均收益提高的效果相抵消。

如图 4.1 所示，假设 Q_1 成熟度水平高于 Q_0，则在 Q_1 水平下的平均收益曲线（AP_{Q_1}）会高于 Q_0 水平下的平均收益曲线（AP_{Q_0}）。就收益角度而言，其最适时间规模水平 $T^*_{Q_0}$ 亦可能不同于 $T^*_{Q_1}$。因此，须将信息化能力成熟度控制在某一水平（如 Q_1）。

第二，信息化平均收益的时间变化模型。此模型主要模拟企业信息化平均收益随运营时间变化所呈现出的凸型变化趋势。根据理论分析，采用二次时间函数的实证模式，借此衡量平均收益的最适运营时间规模水平，探讨信息化能力成熟度水平与平均收益，以及就平均收益而言的最适时间规模水平之间的关系。本书建立传统线性回归模型（linear regression model，LRM），使用三种模型描述如下。

模型一：平均收益随时间变化函数不受信息化能力成熟度影响。

假设：$\alpha_0(Q) = \alpha_0$，$\alpha_1(Q) = \alpha_1$，$\alpha_2(Q) = \alpha_2$，即 $\alpha_0(Q)$、$\alpha_1(Q)$、$\alpha_2(Q)$ 不受 Q 的影响。此时，式（4.4）表示如下。

$$AP_i = \alpha_0 + \alpha_1 T_i + \alpha_2 T_i^2 + \varepsilon \tag{4.5}$$

$$\text{Min} \sum [AP_i - (\hat{\alpha}_0 + \hat{\alpha}_1 T_i + \hat{\alpha}_2 T_i^2)] \tag{4.6}$$

其中，$\{\hat{\alpha}_0, \hat{\alpha}_1, \hat{\alpha}_2\}^T$ 表示企业信息化运营时间对平均收益的回归参数估计。式（4.6）是式（4.5）以最小平方法进行回归分析的限制条件。

模型二：企业信息化能力成熟度只影响 $\alpha_0(Q)$。

假设：$\alpha_0(Q) = \alpha_0 + \varphi Q$，$\alpha_1(Q) = \alpha_1$，$\alpha_2(Q) = \alpha_2$，即 $\alpha_0(Q)$ 受 Q 的影响，$\alpha_1(Q)$、$\alpha_2(Q)$ 不受 Q 的影响。此时，式（4.4）表示如下。

$$AP_i = \alpha_0 + \varphi Q + \alpha_1 T_i + \alpha_2 T_i^2 + \varepsilon \tag{4.7}$$

$$\text{Min} \sum [AP_i - (\hat{\alpha}_0 + \hat{\varphi} Q + \hat{\alpha}_1 T_i + \hat{\alpha}_2 T_i^2)] \tag{4.8}$$

其中，$\{\hat{\alpha}_0, \hat{\alpha}_1, \hat{\alpha}_2\}^T$ 表示企业信息化运营时间对平均收益的回归参数估计，$\hat{\varphi}$ 为能力成熟度等级对 α_0 系数的影响参数估计。式（4.8）是式（4.7）以最小平方法进行回归分析的限制条件。

模型三：企业信息化能力成熟度影响 $\alpha_0(Q)$、$\alpha_1(Q)$，但不影响 $\alpha_2(Q)$。

假设：$\alpha_0(Q) = \alpha_0 + \varphi Q$，$\alpha_1(Q) = \alpha_1 + \phi Q$，$\alpha_2(Q) = \alpha_2$，即 $\alpha_0(Q)$ 受 Q 的影响，$\alpha_1(Q)$、$\alpha_2(Q)$ 不受 Q 的影响。此时，式（4.4）表示如下。

$$AP_i = \alpha_0 + \varphi Q + \alpha_1 T_i + \phi Q \times T_i + \alpha_2 T_i^2 + \varepsilon \tag{4.9}$$

$$\text{Min} \sum [AP_i - (\hat{\alpha}_0 + \hat{\varphi} Q + \hat{\alpha}_1 T_i + \hat{\phi} Q \times T_i + \hat{\alpha}_2 T_i^2)] \tag{4.10}$$

其中，$\{\hat{\alpha}_0, \hat{\alpha}_1, \hat{\alpha}_2\}^T$ 表示企业信息化运营时间对平均收益的回归参数估计，$\hat{\varphi}$、$\hat{\phi}$ 为能力成熟度等级对 α_0、α_1 系数的影响参数估计。式（4.10）是式（4.9）以最小平方法进行回归分析的限制条件。

第三，企业信息化投资成本的时间变化模式分析。由于企业信息化建设特点，以信息化相关平均成本与运营时间为分析基础，得出：由于规模发展而产生经济效益，当企业信息化运营时间逐渐扩大时，所产生的平均成本逐渐降低；但当企业信息化维持在某一水平达到一定时间时，所产生的平均成本会因为信息化建设与企业运营管理过程的匹配程度不强、对市场管理模式变化的适应程度较弱、企业信息化管理运营模式逐步脱离市场发展等因素变化，导致企业在维持当前企业信息化建设所需的平均成本逐渐上升。综合上述理论分析，企业信息化所产生的平均成本曲线随运营时间的变化呈现出凹型变化，具体描述如下。

企业信息化平均成本 AC 为被解释变量的观测值，信息化营运时间 T 为解释变量，企业信息化能力成熟度水平 Q 为虚拟变量。假设 AC 以 T、Q 变化模拟，其函数即为：$AC = g(T,Q)$，且变动参数 $\beta_0(Q)$、$\beta_1(Q)$、$\beta_2(Q)$ 受到 Q 的影响。建立影响关系模式如下：

$$AC = \beta_0(Q) + \beta_1(Q)T + \beta_2(Q)T^2 \tag{4.11}$$

若不同企业之间的信息化能力成熟度存在差异，则平均成本随时间的变化关系之间就会存在信息化能力成熟度水平的影响。一般而言，企业信息化能力成熟度水平越高，平均成本也随之提高。因此，平均成本随运营时间延长而下降的效果，会与随信息化能力成熟度水平提高而导致平均成本提高的效果抵消。

如图 4.2 所示，Q_1 成熟度水平高于 Q_0，则在 Q_1 水平下的平均成本曲线（AC_{Q_1}）会高于 Q_0 水平下的平均成本曲线（AC_{Q_0}）。就成本角度而言，其最适时间规模水平 $T^*_{Q_0}$ 亦可能不同于 $T^*_{Q_1}$。因此，须将信息化能力成熟度控制在某一水平（如 Q_1），再分析得出在该能力成熟度水平下最低成本规模下的时间域。

第四，信息化平均成本的时间变化模型。此模型主要模拟企业信息化平均成本随运营时间变化所呈现出凹型变化。根据理论分析，采用二次时间函数的实证模式，借此函数分析衡量平均成本的最适运营时间规模水平，探讨信息化能力成熟度水平与平均成本，以及就平均成本而言的最适时间规模水平

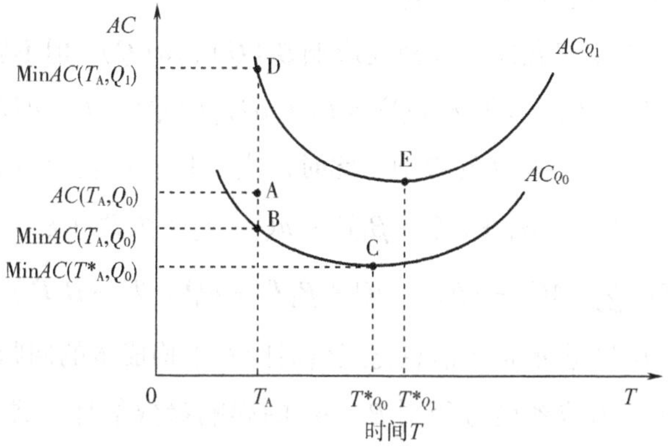

图 4.2 平均成本曲线随时间变化曲线

之间的关系。本书建立传统线性回归模型（linear regression model，LRM），使用三种模型描述如下。

模型一：平均成本随时间变化函数不受信息化能力成熟度影响。

假设：$\beta_0(Q)=\beta_0$，$\beta_1(Q)=\beta_1$，$\beta_2(Q)=\beta_2$，即 $\beta_0(Q)$、$\beta_1(Q)$、$\beta_2(Q)$ 不受 Q 的影响。此时，式（4.11）表示如下。

$$AC_i=\beta_0+\beta_1 T_i+\beta_2 T_i^2+\xi \tag{4.12}$$

$$\mathrm{Min}\sum\left[AC_i-(\hat{\beta}_0+\hat{\beta}_1 T_i+\hat{\beta}_2 T_i^2)\right] \tag{4.13}$$

其中，$\{\hat{\beta}_0,\hat{\beta}_1,\hat{\beta}_2\}^T$ 表示企业信息化运营时间对平均成本的回归参数估计。式（4.13）是式（4.12）以最小平方法进行回归分析的限制条件。

模型二：企业信息化能力成熟度只影响 $\beta_0(Q)$。

假设：$\beta_0(Q)=\beta_0+mQ$，$\beta_1(Q)=\beta_1$，$\beta_2(Q)=\beta_2$，即 $\beta_0(Q)$ 受 Q 的影响，$\beta_1(Q)$、$\beta_2(Q)$ 不受 Q 的影响。此时，式（4.11）表示如下。

$$AC_i=\beta_0+mQ+\beta_1 T_i+\beta_2 T_i^2+\xi \tag{4.14}$$

$$\mathrm{Min}\sum\left[AC_i-(\hat{\beta}_0+\hat{m}Q+\hat{\beta}_1 T_i+\hat{\beta}_2 T_i^2)\right] \tag{4.15}$$

其中，$\{\hat{\beta}_0,\hat{\beta}_1,\hat{\beta}_2\}^T$ 表示企业信息化运营时间对平均成本的回归参数估计，$\hat{m}$

为能力成熟度等级对 β_0 系数的影响参数估计。式（4.15）是式（4.14）以最小平方法进行回归分析的限制条件。

模型三：企业信息化能力成熟度影响 $\beta_0(Q)$、$\beta_1(Q)$，但不影响 $\beta_2(Q)$。

假设：$\beta_0(Q)=\beta_0+mQ$，$\beta_1(Q)=\beta_1+nQ$，$\beta_2(Q)=\beta_2$，即 $\beta_0(Q)$、$\beta_1(Q)$ 受 Q 的影响，$\beta_2(Q)$ 不受 Q 的影响。此时，式（4.11）表示如下。

$$AC_i=\beta_0+mQ+\beta_1T_i+nQ\times T_i+\beta_2T_i^2+\xi \tag{4.16}$$

$$\mathrm{Min}\sum\left[AC_i-(\hat{\beta}_0+\hat{m}Q+\hat{\beta}_1T_i+\hat{n}Q\times T_i+\hat{\beta}_2T_i^2)\right] \tag{4.17}$$

其中，$\{\hat{\beta}_0,\hat{\beta}_1,\hat{\beta}_2\}^T$ 表示企业信息化运营时间对平均成本的回归参数估计，$\hat{m}$、$\hat{n}$ 为企业信息化能力成熟度等级对 β_0、β_1 的影响参数估计。式（4.17）是式（4.16）以最小平方法进行回归分析的限制条件。

上述规模经济推论是建立在企业信息化能力成熟度（如 Q_0 水平）处于同一水平的假设之上，否则，平均成本与平均收益中都会掺杂信息化能力成熟度水平的影响因素，导致影响因素不明确。因此，在分析企业信息化升级投资的最适时间域选择问题时，需将企业现有信息化水平控制在同一能力成熟度等级水平上进行分析。不同能力成熟度的可持续优化类项目最佳投资时间域的选择都遵循绩效最大化原则，即投资收益高于成本。

如图 4.3 所示，曲线 AP 和 AC 分别代表企业信息化平均收益和平均成本与运营时间之间的变化。其中，点 A 为 $T_{\mathrm{A}}=T_{\max AP}(Q)$ 时，为企业创造的平均收益值为 $\mathrm{Max}(AP)$；点 B 为 $T_{\mathrm{B}}=T_{\min AC}(Q)$ 时，企业信息化所产生的平均成本最小值 $\mathrm{Min}(AC)$。在信息化项目投资过程中，当 $T>T_{\mathrm{B}}$ 时，信息化项目的平均成本逐渐扩大；而当 $T>T_{\mathrm{A}}$ 时，信息化项目的平均收益降低。理论上，企业的信息化建设运营周期中存在平均成本与平均收益相等的情况，即点 C$(\mathrm{Min}(T_{AC=AP}(Q)))$、点 D$(\mathrm{Max}(T_{AC=AP}(Q)))$，但这两点的经济管理含义不同，当企业信息化运营时间 $T=T_{\mathrm{C}}$ 时，由于信息化建设处于信息系统生命周期的运行和维护阶段，企业信息化处于逐渐成熟阶段，此时信息化运营处于利好阶段；但是当 $T=T_{\mathrm{D}}$ 时，由于信息化建设处于信息系统生命周期的消亡阶段，企业信息化与管理模式之间开始存在较大的不匹配情况，此时信息化运营处于衰败阶段。因此，企业须在 T_{D}点前完成信息化升级，避免平均成本

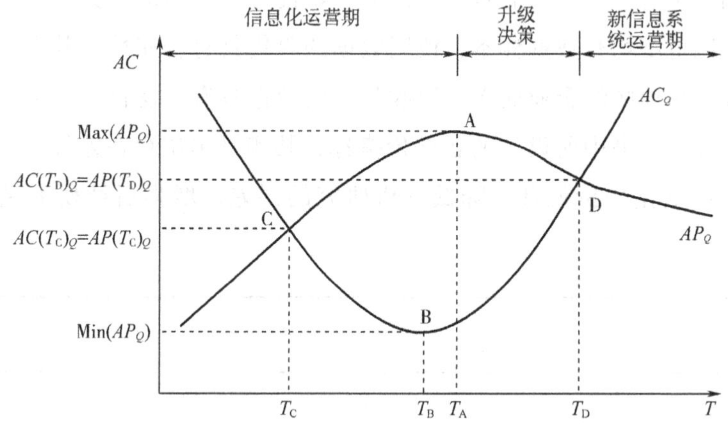

图 4.3　Q 水平下，平均成本、平均收益随时间之间的变化曲线

升高、平均收益降低所带来的损失，即企业信息化项目投资的最佳时间域为：

$$T^{\tau}(Q) \in (\mathrm{Max}(0,\mathrm{Min}(T_{minAC}(Q),T_{maxAP}(Q))),\mathrm{Max}(T_{AC=AP}(Q))) \tag{4.18}$$

式中，在信息化项目能力成熟度 Q 下，$T_{minAC}(Q)$ 表示出现最小平均成本的时间，$T_{maxAP}(Q)$ 为出现最大平均收益的时间，$T_{AC=AP}(Q)$ 为出现投资收益与成本相等的时间。

4.4　模型优化与实证研究

4.4.1　数据预处理

本书在 EICMM 模型和其他学者对企业信息化绩效分析的基础之上，建立了 22 个信息化能力成熟度观测指标，10 个绩效水平观测指标。根据所建立的 32 个直接观测指标设置调查问题卷，选取不同地区、不同规模的 500 多家企业进行问卷调查，获取了研究所需的企业信息化 2013 年建设相关的第一手数据。

如图 4.4 所示，所收集的数据样本有着较为广泛的地域分布，全国多个省、市、区范围均有数据样本，说明数据的收集具有普遍性，其中以珠江三角和长江三角地区的企业居多。所收集到的数据具有广泛性，保证了数据分析的合理性。本书中所设计的各评价指标，其测量单位存在差异，需要对数据进行无量纲化分析处理，降低分析研究的误差，增强后续研究结果的准确性。

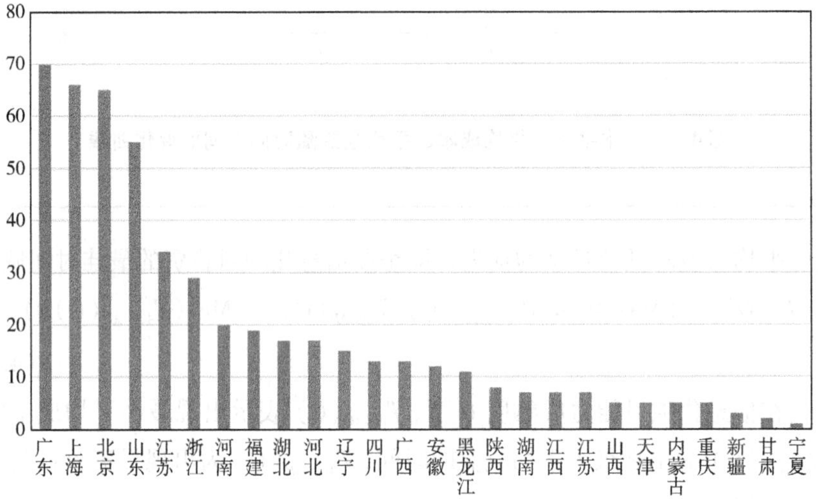

图 4.4　调查样本地区分布

为保证所有观测项目之间的一致性，对总体观测数据进行信度分析，结果显示 Cronbach's Alpha 系数为 0.799，由此得出观测项目之间具有一致性，可信度较高。

选取两类评价指标作为分析重点：一类以企业的营业成本与营业收入分析信息化的绩效水平；另一类则在此基础上扣除非信息化因素影响企业的营业收入与成本的变化、不同规模带来的不可比性因素等，以式（4.1）和式（4.2）为指标选取方式，分别计算两类指标的 Pearson 相关性指数，具体如表 4.2 所示。

表 4.2 绩效水平评价指标的相关性分析

		企业平均营业收入			信息化平均营业收入
企业平均营业成本	Pearson 相关性	0.509 ***	信息化平均营业成本	Pearson 相关性	0.642 ***
	显著性（双侧）	0.000 0		显著性（双侧）	0.000

两类指标之间的相关性分析结果显示：两类指标之间的 Pearson 相关性指数分别为 0.509、0.642，第一类指标明显低于第二类指标，说明第二类指标更能说明企业信息化的绩效水平。因此，本书采取第二类指标作为分析基础。

采用以上选取的绩效评估指标，分别利用实际数据分析三种传统回归模式下，企业信息化平均收益的时间变化模型和信息化平均成本的时间变化模型。

表 4.3 表示信息化平均收益的三种模型的分析结果，三种模式中 T^2 的回归分析结果分别为 -0.074 53、 -0.066 36 和 -0.047 34，信息化平均收益的变化呈现出凸型变化，本章第二节中的理论分析得到了实际数据的验证。企业信息化平均收益的时间变化模型一、二、三的 Adjusted R - squared 值分别为 0.205 8、0.205 8、0.207 6，说明所建立的三种模型存在不同的拟合程度，拟合程度大小顺序为：模型三 > 模型一 > 模型二。选取拟合程度最高的模型进行分析，最终确定企业信息化平均收益的时间变化模式为：

$$AP_i = \alpha_0 + \varphi Q + \alpha_1 T_i + \phi Q \times T_i + \alpha_2 T_i^2 + \varepsilon \tag{4.19}$$

表 4.3 信息化平均收益的传统回归模式分析结果

$AP(T)$	Adjusted R - squared	T^2	T	Q	QT
模式一	0.205 8	-0.074 53	-0.634 21	—	—
		(0.291)	(0.130)	—	—
模式二	0.205 8	-0.066 36	-0.673 99	0.085 60	—
		(0.350)	(0.110)	(0.323)	—
模式三	0.207 6	-0.047 34	-1.262 89	-0.336 18	0.144 44
		(0.512)	(0.032)	(0.273)	(0.152)

表4.4表示信息化平均成本的三种模型的分析结果，三种模型中 T^2 的回归分析结果分别为0.038 48、0.028 33和0.042 89，信息化平均收益的变化呈现出凹型变化。企业信息化平均成本的时间变化模型一、二、三的 Adjusted R - squared 值分别为0.159 4、0.167 3、0.16，说明所建立的三种模型存在不同的拟合程度，拟合程度大小顺序为：模型二 > 模型三 > 模型一，选取拟合程度最高的模型进行分析，最终确定企业信息化平均成本的时间变化模式为：

$$AC_i = \beta_0 + mQ + \beta_1 T_i + \beta_2 T_i^2 + \xi \tag{4.20}$$

表4.4　信息化平均成本的传统回归模式分析结果

$AC(T)$	Adjusted R - squared	T^2	T	Q	QT
模式一	0.159 4	0.038 48	-1.207 59	—	—
		(0.611 71)	(0.007 54)	—	—
模式二	0.167 3	0.028 33	-1.158 18	-0.106 31	—
		(0.710 4)	(0.010 7)	(0.253 3)	—
模式三	0.16	0.042 89	-1.608 99	0.110 57	-0.429 18
		(0.580 6)	(0.011 2)	(0.307 4)	(0.193 2)

根据上述分析可知，传统回归模型的解释程度不高。因此，本书采用数据的正态性检验来进一步验证传统回归模型检验的准确性。

分别计算企业信息化的平均收益、平均成本和运营时间的偏度和峰度系数，结果如表4.5所示。

表4.5　变量的正态性检验结果

正态性检验						
	Kolmogorov - Smirnov		Shapiro - Wilk		Skewness	Kurtosis
	统计量	Sig.	统计量	Sig.		
信息化平均收益（AP）	0.051	0.006	0.980	0.000	0.156	1.539
信息化平均成本（AC）	0.053	0.003	0.983	0.000	-0.160	1.359
信息化运营时间（T）	0.089	0.000	0.989	0.002	-0.091	-0.499

信息化绩效水平与运营时间指标的 K－S 和 S－W 统计量分析结果显示，各项指标均不服从常态分布。偏度系数的结果显示，信息化平均收益（*AP*）、信息化运营时间（*T*）的偏度系数分别为0.156，存在不同程度的左偏现象（图4.5、图4.6），样本数据在左侧的分散程度大；而信息化平均成本（*AC*）的偏度系数为－0.160，存在严重的右偏现象（图4.7），样本数据在右侧的分散程度大。峰度系数的结果显示，综合指标的在两侧极端数据较少。

数据表明，从信息化平均收益、平均成本与运营时间之间变化关系的分析中，均值不能准确解释二者之间的变化趋势。因此，要采用条件分位回归分析方法才能反映在不同分位水平下信息化平均收益、平均成本与运营时间的变化关系。

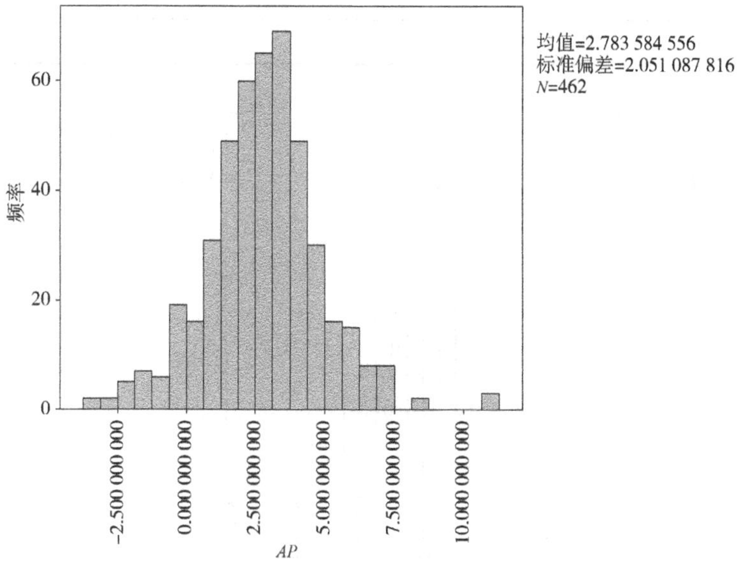

图4.5 信息化平均收益的分布直方图

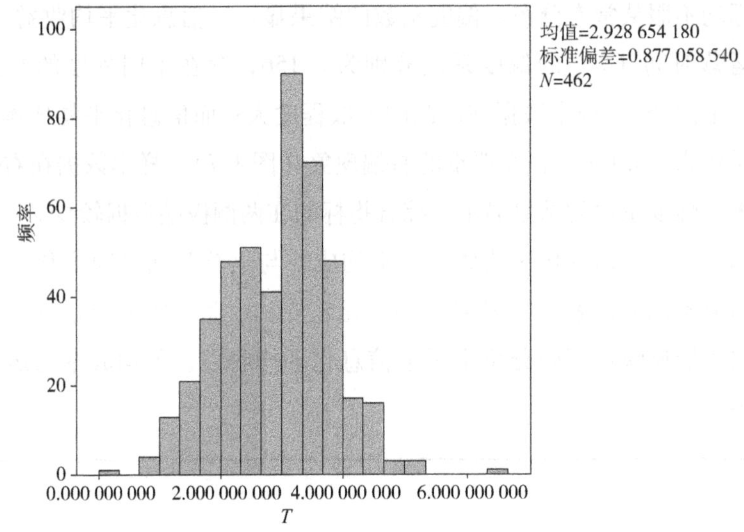

图 4.6　信息化运营时间的分布直方图

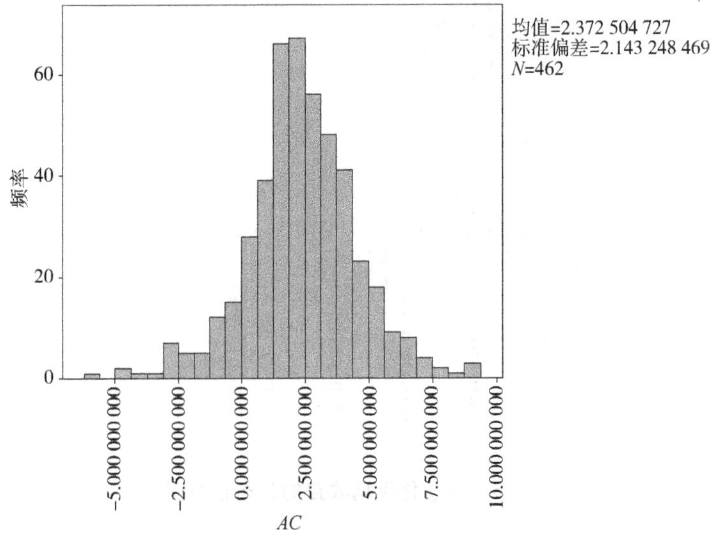

图 4.7　信息化平均成本的分布直方图

4.4.2 基于分位数回归理论的模型优化

通过以上正态性检验分析得出，企业信息化平均收益、平均成本与运营时间均存在不同程度上的左偏或右偏状态，所以当解释变量的分布非正态或者偏度系数较高时，均值在解释的时候就会受到质疑。因此，采用分位数回归模型解决这一问题。该模型描述了解释变量条件均值的变化，应用条件更加宽松，可以挖掘更加丰富的信息。以最小平方法建立分量回归分析模型如下。

4.4.2.1 信息化平均收益的分量回归模型——Quantile (*AP*)

采用分位数回归模型对信息化平均收益的时间变化 LRM 回归模式（4.19）进行改进，得到分量回归 QRM 模型，同样采取最小平方法估计参数。模型如下：

$$AP_i^\tau(T,Q) = \alpha_0^\tau + \varphi^\tau Q + \alpha_1^\tau T_i^\tau + \phi^\tau Q \times T_i^\tau + \alpha_2^\tau (T_i^\tau)^2 + \varepsilon \quad (4.21)$$

$$\min(\tau \sum_{AP_i \geqslant AP_i^\tau} |AP_i - \hat{\alpha}_0^\tau - \hat{\varphi}^\tau Q - \hat{\alpha}_1^\tau T_i^\tau - \hat{\phi}^\tau Q \times T_i - \hat{\alpha}_2^\tau (T_i^\tau)^2| +$$

$$(1-\tau) \sum_{AP_i < AP_i^\tau} |AP_i - \hat{\alpha}_0^\tau - \hat{\varphi}^\tau Q - \hat{\alpha}_1^\tau T_i^\tau - \hat{\phi}^\tau Q \times T_i - \hat{\alpha}_2^\tau (T_i^\tau)^2|) \quad (4.22)$$

式（4.21）表示企业信息化运营时间对平均收益的分位数回归模型，式（4.22）代表回归估计方法。其中 $0 < \tau < 1$ 表示数值小于第 τ 分位数的比例；$\{\hat{\alpha}_0^\tau, \hat{\alpha}_1^\tau, \hat{\alpha}_2^\tau\}$ 表示在 τ 分位下，被解释变量企业信息化平均收益受到运营时间影响系数的估计值；$\hat{\phi}^\tau$ 表示企业信息化平均收益受到信息化能力成熟度影响系数的估计值；$\hat{\varphi}^\tau$ 表示 $\hat{\alpha}_1^\tau$ 受到信息化能力成熟度影响系数的估计值。变量样本 AP_i 分布的第 τ 分位数就等于样本数据中加权距离的总和最小化的 p 值，这里在 p 值之下的数据点的权重为 $1-\tau$，而在 p 值之上的数据点的权重为 τ。在此情况下，将第 τ 分位数回归估计量 $\{\hat{\alpha}_0^\tau, \hat{\alpha}_1^\tau, \hat{\alpha}_2^\tau\}^T$ 定义为可最小化拟合值 $\hat{AP}_i$ 与值 AP_i 之间的加权距离总和的值，换言之选取 $\hat{AP}_i - AP_i$ 的总和，正向残差的权重为 τ，而负向残差的权重为 $1-\tau$，即采用式（4.22）作为参数估计方法，并采用 T 检验方式检验其显著性水平。

4.4.2.2 信息化平均成本的分量回归模型——Quantile (*AC*)

采用分位数回归模型对信息化平均成本的时间变化 LRM 回归模式

（4.20）进行改进，得到分量回归 QRM 模型，同样采取最小平方法估计参数。模型如下：

$$AC_i^\tau(T,Q) = \beta_0^\tau + m^\tau Q + \beta_1^\tau T_i^\tau + \beta_2^\tau (T_i^\tau)^2 + \varepsilon \tag{4.23}$$

$$\min(\tau \sum_{AC_i \geqslant AC_i^\tau} |AC_i - \beta_0^\tau - m^\tau Q - \beta_1^\tau T_i^\tau - \beta_2^\tau (T_i^\tau)^2| + (1-\tau) \sum_{AC_i < AC_i^\tau} |AC_i - \beta_0^\tau - m^\tau Q - \beta_1^\tau T_i^\tau - \beta_2^\tau (T_i^\tau)^2|) \tag{4.24}$$

式中，$0 < \tau < 1$ 表示数值小于第 τ 分位数的比例；$\{\hat{\beta}_0^\tau, \hat{\beta}_1^\tau, \hat{\beta}_2^\tau\}$ 表示在 τ 分位下，被解释变量企业信息化平均成本受到解释变量运营时间影响系数的估计值；$\hat{m}^\tau$ 表示企业信息化平均成本受到信息化能力成熟度影响系数的估计值。式（4.23）表示企业信息化运营时间对平均成本的分位数回归模型，式（4.24）代表回归估计方法。变量样本 AC_i 分布的第 τ 分位数就等于样本数据中加权距离的总和最小化的 p 值，这里在 p 值之下的数据点的权重为 $1-\tau$，而在 p 值之上的数据点的权重为 τ。在此情况下，将第 τ 分位数回归估计量 $\{\hat{\beta}_0^\tau, \hat{\beta}_1^\tau, \hat{\beta}_2^\tau\}^T$，定义为可最小化拟合值 $\hat{AC}_i$ 与值 AC_i 之间的加权距离总和的值，换言之选取 $\hat{AC}_i - AC_i$ 的总和，正向残差的权重为 τ 而负向残差的权重为 $1-\tau$。即采用式（4.24）为参数估计方法，并采用 T 检验方式检验其显著性水平。

4.4.3 实证分析

通过上述理论分析，分别建立分位数回归模型，并结合实际数据进行实证分析，具体结果如下。

表 4.6 反映企业信息化运营时间和信息化能力成熟度对平均收益的影响，传统均值回归结果显示企业信息化平均收益与运营时间的二次方存在 -0.047 34的显著负相关关系，与信息化能力成熟度水平和运营时间的二次方不存在显著性关系；但在分量回归结果中发现，在 0.05～0.2、0.3～0.65 和 0.8～0.95 分位上，企业信息化平均收益与企业信息化运营时间的二次方存在显著负相关性，这进一步证明了采用均值回归分析企业信息化平均收益与运营时间之间影响关系的准确性较低。

表 4.6 信息化平均收益传统回归模式二的分位回归优化模型的分析结果

τ		0.05	0.10	0.15	0.20	0.25	0.30	0.35	0.40	0.45	0.50
信息化平均收益	T^2	0.143 07	−0.051 84	−0.141 95	−0.048 03	0.001 29	−0.022 19	−0.042 73	−0.043 54	−0.054 80	−0.061 88
		(0.109 26)	(0.908 87)	(0.873 70)	(0.141 70)	(0.008 80)	(0.012 05)	(0.004 44)	(0.011 59)	(0.007 47)	(0.004 51)
	T	−2.725 84	−1.724 18	−1.027 10	−1.340 41	−1.747 15	−1.311 52	−1.191 43	−1.398 07	−1.335 15	−1.267 17
		(0.535 62)	(0.386 49)	(0.001 07)	(0.012 80)	(0.015 44)	(0.025 45)	(0.010 04)	(0.001 70)	(0.004 77)	(0.001 71)
	QT	0.249 82	0.305 14	0.255 09	0.204 36	0.245 05	0.151 09	0.153 02	0.204 15	0.201 45	0.181 22
		(0.548 42)	(0.487 95)	(0.892 84)	(0.792 40)	(0.514 00)	(0.458 38)	(0.423 97)	(0.907 58)	(0.722 82)	(0.842 33)
	Q	−0.627 61	−0.817 90	−0.495 53	−0.426 90	−0.530 94	−0.259 55	−0.296 27	−0.477 45	−0.465 56	−0.420 08
		(0.506 58)	(0.597 16)	(0.759 07)	(0.628 82)	(0.269 78)	(0.292 27)	(0.440 43)	(0.977 12)	(0.836 82)	(0.922 56)

τ		0.55	0.60	0.65	0.70	0.75	0.80	0.85	0.90	0.95	Condition mean
信息化平均收益	T^2	−0.087 25	−0.112 91	−0.093 45	0.016 22	0.003 77	−0.021 68	−0.034 98	−0.129 45	−0.024 58	−0.047 34
		(0.010 04)	(0.016 93)	(0.128 82)	(0.109 36)	(0.192 17)	(0.094 46)	(0.303 47)	(0.886 62)	(0.495 13)	(0.512)
	T	−0.801 73	−0.605 31	−0.691 00	−1.554 81	−1.318 37	−0.919 07	−0.914 76	−0.649 92	−1.985 6	−1.262 89
		(0.012 23)	(0.003 20)	(0.008 53)	(0.033 37)	(0.001 19)	(0.002 18)	(0.004 75)	(0.006 21)	(0.045 55)	(0.032)
	QT	0.092 34	0.087 06	0.079 21	0.130 54	0.078 72	0.010 85	−0.023 62	0.035 45	0.234 83	0.144 44
		(0.210 34)	(0.506 54)	(0.324 12)	(0.297 34)	(0.847 05)	(0.815 49)	(0.470 16)	(0.471 60)	(0.172 63)	(0.152)
	Q	−0.156 37	−0.146 75	−0.172 76	−0.319 15	−0.166 90	−0.061 16	0.010 68	−0.132 34	−0.756 33	−0.336 18
		(0.313 89)	(0.845 86)	(0.690 88)	(0.641 66)	(0.579 81)	(0.324 81)	(0.222 06)	(0.128 46)	(0.028 91)	(0.273)

结合式（4.21）的分量回归分析结果，图4.8所示信息化平均收益在时间规模为0.05～0.2、0.3～0.65和0.8～0.95分位水平下，平均收益与时间规模的二次方大部分存在显著负相关现象，及前文所述的凸型变化趋势，但在0.05、0.25、0.7和0.75分位水平下，二者之间却存在正相关现象，这说明在此分位水平下不存在凸型的变化趋势，进而说明企业信息化在一定平均收益水平时，现有的信息化水平不能为企业带来收益，应立即筹备进一步的信息化升级投资。

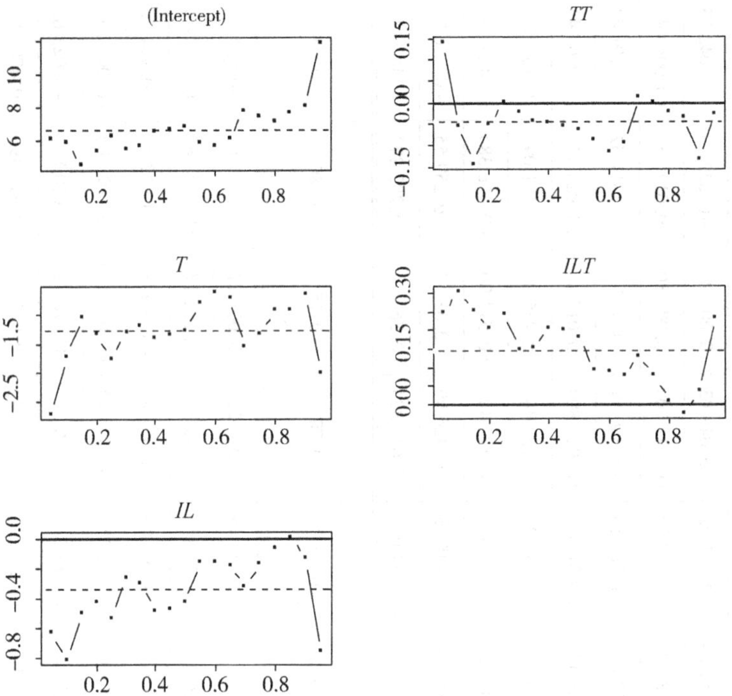

图4.8　平均收益之分位数回归的分析结果

表4.7反映企业信息化运营时间和信息化能力成熟度对平均成本的影响，传统均值回归结果显示企业信息化平均成本与运营时间的二次方存在0.028 33的显著正相关关系，与信息化能力成熟度水平和运营时间的二次方不存在显著性关系；但在分量回归结果中发现，在0.3～0.45分位上，企业信息化平

表 4.7 信息化平均成本传统回归模式二的分位回归优化模型的分析结果

τ		0.05	0.10	0.15	0.20	0.25	0.30	0.35	0.40	0.45	0.50
企业信息化平均成本	T^2	0.127 85	0.007 54	0.041 68	0.050 02	0.096 22	-0.083 30	-0.103 87	-0.004 71	-0.005 38	0.006 76
		(0.694 02)	(0.788 94)	(0.608 05)	(0.543 72)	(0.348 61)	(0.390 97)	(0.335 66)	(0.968 26)	(0.958 53)	(0.934 11)
	T	-1.851 32	-0.857 76	-0.562 58	-0.394 95	-0.154 51	-0.370 49	-0.254 44	-0.916 02	-0.982 59	-1.070 32
		(0.344 90)	(0.000 07)	(0.264 57)	(0.456 07)	(0.808 67)	(0.568 73)	(0.722 34)	(0.206 71)	(0.128 56)	(0.037 47)
	Q	-0.493 95	-0.278 10	-0.244 79	-0.184 28	-0.213 27	-0.165 85	-0.109 46	-0.100 39	-0.169 52	-0.179 70
		(0.181 20)	(0.140 04)	(0.032 55)	(0.130 22)	(0.056 34)	(0.155 85)	(0.347 85)	(0.372 14)	(0.097 03)	(0.050 50)
τ		0.55	0.60	0.65	0.70	0.75	0.80	0.85	0.90	0.95	Condition mean
企业信息化平均成本	T^2	0.007 39	0.015 14	0.000 39	0.007 64	0.010 11	0.015 01	0.001 23	0.013 36	0.106 52	0.028 33
		(0.931 09)	(0.718 17)	(0.097 85)	(0.038 52)	(0.081 37)	(0.693 55)	(0.527 14)	(0.983 78)	(0.548 59)	(0.710 4)
	T	-0.995 02	-0.957 53	-1.050 61	-1.165 04	-1.268 92	-1.358 81	-1.295 70	-1.430 45	-1.969 66	-1.158 18
		(0.059 10)	(0.002 71)	(0.012 25)	(0.027 62)	(0.027 62)	(0.007 35)	(0.000 35)	(0.196 55)	(0.062 12)	(0.010 7)
	Q	-0.167 33	-0.156 47	-0.196 67	-0.195 77	-0.208 83	-0.193 81	-0.116 13	-0.045 57	0.076 99	-0.106 31
		(0.064 62)	(0.062 43)	(0.028 12)	(0.035 52)	(0.014 29)	(0.037 62)	(0.348 23)	(0.816 91)	(0.746 27)	(0.253 3)

均成本与企业信息化运营时间的二次方存在显著负相关性，进一步说明了采用均值回归分析企业信息化平均成本与运营时间之间影响关系的准确性较低。

结合式（4.22）的分量回归分析结果，图4.9表明：信息化平均成本在时间规模为0.05~0.3和0.5~0.95分位水平下，平均成本与时间规模的二次方大部分存在显著的正相关现象；然而在0.3~0.45分位水平下，二者之间却存在负相关现象，说明在此分位水平下并不存在凹型的变化趋势。企业信息化在某一平均成本水平下，运营时间过长、现有信息化水平在市场中的竞争力或是信息化项目与企业之间的适应性降低等因素致使平均成本过高，因而企业应立即开展信息化水平较高的投资决策。

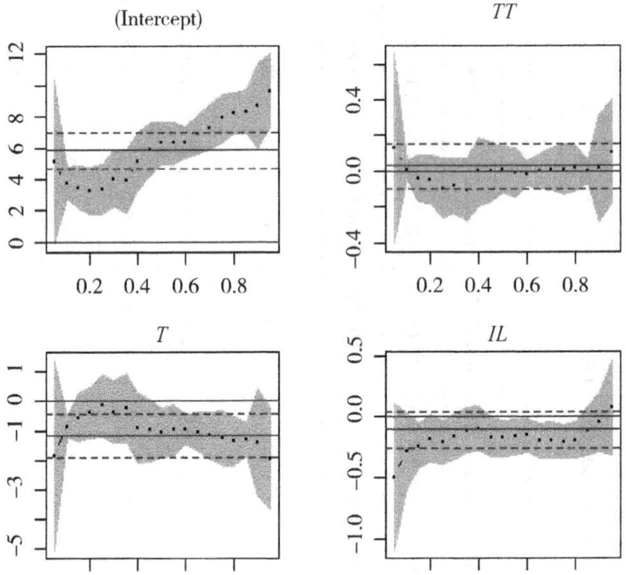

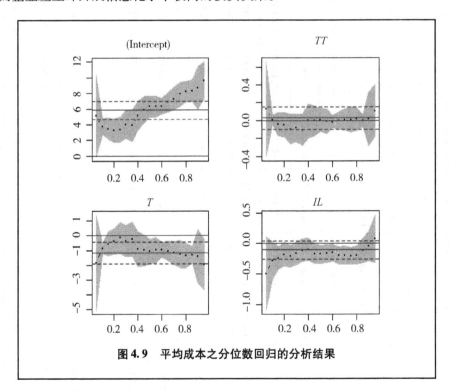

图4.9 平均成本之分位数回归的分析结果

在分析企业信息化升级最适时间域的选择时，不仅要考虑企业现有信息化能力成熟度水平因素，还应分析信息化平均收益水平与成本在相同水平分位下的信息化升级投资时间的最适时间域。

本书选取信息化相关收益与成本均在0.5的分位水平，分别分析企业现有信息化水平处于不同能力水平下的平均收益、成本与运营时间之间变动系数的估计值，其他分位水平下的最适时间域选择的分析方法相同。

表4.8表示在0.5分位水平下，企业现有信息化水平处于不同能力成熟度等级时，信息化相关的平均收益、成本与运营时间变化的参数估计。图4.10、图4.11分别代表不同能力成熟度等级下平均收益和成本的变化曲线。

表4.8 $\tau=0.5$ 分位水平下，平均成本与收益的估计结果

Q		T^2	T	Q	intercept
1	*AP*	−0.061 88	−0.904 73	6.333 34	6.753 42
	AC	0.006 76	−1.070 32	6.127 72	6.307 42
2	*AP*	−0.061 88	−0.723 51	5.913 26	6.753 42
	AC	0.006 76	−1.070 32	5.948 02	6.307 42
3	*AP*	−0.061 88	−0.723 51	−1.260 24	6.753 42
	AC	0.006 76	−1.070 32	−0.539 1	1.617 3
4	*AP*	−0.061 88	−1.085 95	5.073 1	6.753 42
	AC	0.006 76	−1.070 32	5.588 62	6.307 42
5	*AP*	−0.061 88	−0.542 29	4.653 02	6.753 42
	AC	0.006 76	−1.070 32	5.408 92	6.307 42

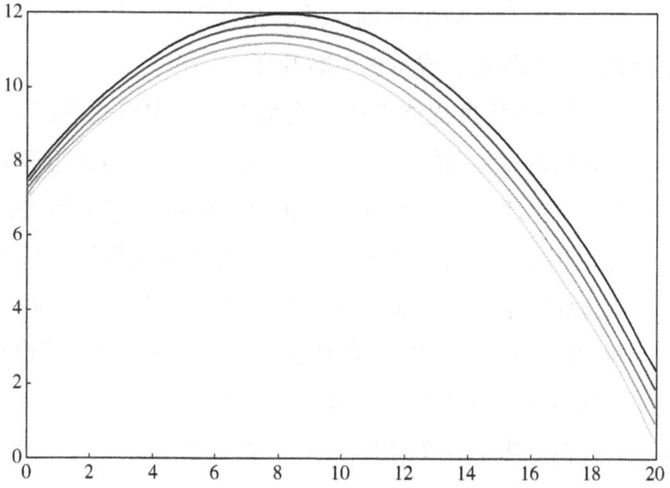

图4.10 不同能力成熟度水平下平均收益变化

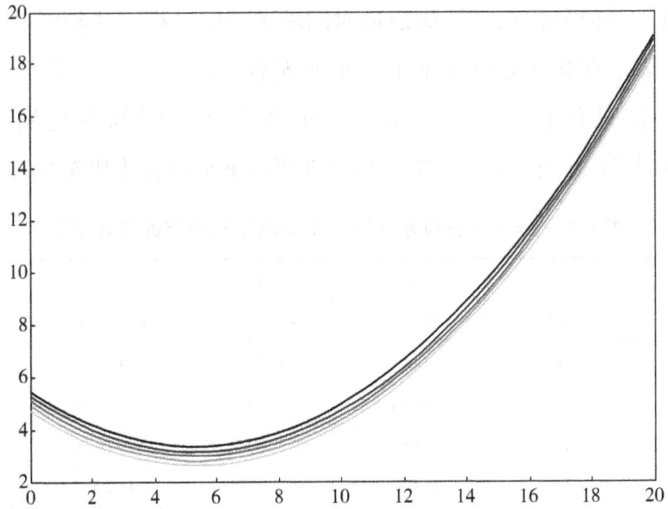

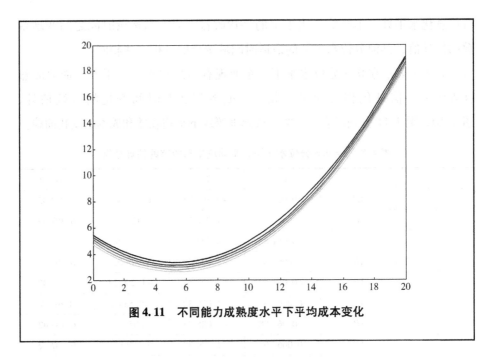

图 4.11　不同能力成熟度水平下平均成本变化

不同曲线分别代表在不同信息化能力成熟度等级下，信息化平均收益和成本的变化，其中，从上到下曲线分别所代表能力成熟度等级为优化级、综合集成级、管理模式级、技术支撑级和初始级。如图 4.10、图 4.11 所示，企业在不同能力成熟度水平下收益不同，随着企业信息化能力成熟度水平的增高，信息化相关的平均收益、成本也不断升高。

图 4.12 中表示企业信息化能力成熟度水平为管理模式级时，平均收益、平均成本与运营时间的变化曲线。当 $T < T_A$ 时，平均收益随运营时间延长而逐渐增长；当 $T = T_A$ 时，平均收益为该能力成熟度水平下的最高水平。当 $T < T_B$ 时，信息化相关平均成本逐渐随运营时间增加而降低；当 $T = T_B$ 时，平均成本为该能力成熟水平的最低水平；当 $T > T_B$ 时，平均成本逐渐上升。但在 $T_B < T < T_A$ 时，虽然平均成本水平逐渐上升，但平均收益也在上升，在该阶段可持续运营当前信息化项目不但不会为企业造成经济损失，还会不断为企业创造更多收益。当 $T > T_A$ 时，平均收益开始随运营时间增加而逐渐下降，同时平均成本逐渐上升，当前信息化项目处于信息系统生命周期的消亡阶段。当 $T = T_C$ 时，平均收益与平均成本相等，此时平均收益呈下降趋势，

平均成本呈上升趋势；当 $T > T_C$ 时，则表示企业持续运营现有信息化项目，而绩效评估结果显示，在此阶段平均成本大于平均收益，其平均成本呈现出持续上升的变化趋势，平均收益呈现出持续下降的变化趋势，企业现有信息化水平不能为企业带来收益，反而造成不必要的经济损失，企业信息化升级投资应在此阶段前完成。综上分析，企业信息化升级投资最适时间域应选在 $T_A < T < T_C$ 阶段。

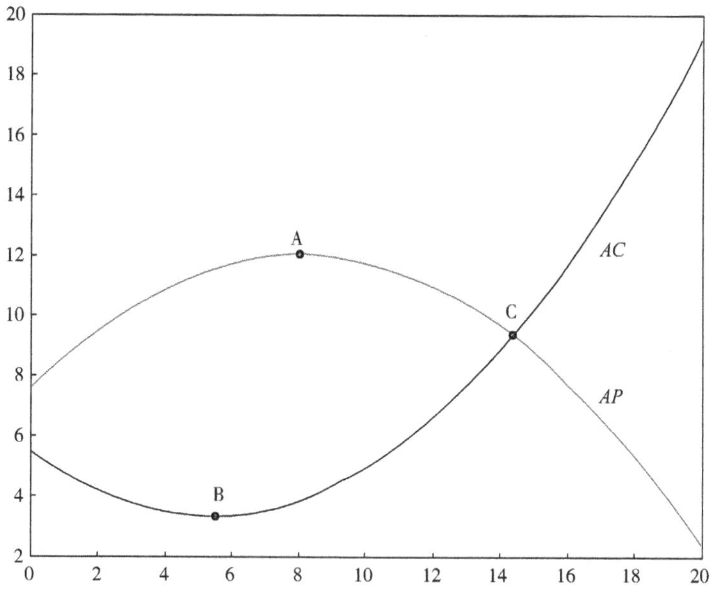

图 4.12　综合平均收益与平均成本的变化（$Q=3$）

4.5　本章小结

本章以信息化绩效评价为基础，对信息化升级时间域选择模型进行了深层次研究。首先，在企业信息化相关平均收益衡量指标的设置中，充分考虑信息化以外的影响因素，以专家评估的形式，准确地排除了非信息化因素对收益的影响；在企业信息化平均成本的衡量指标的设置中，充分考虑了信息化建设总成本折旧因素的影响。其次，在现有信息化绩效评估的投入产出模型中加入时间的因素，以运营时间作为解释变量，企业信息化相关的平均收益与平均成本作为被解释变量，综合运用传统回归、分位数回归模型理论、经济学理论以及信息化评估理论等多领域的研究方法，综合对最适升级投资时间问题进行探讨，为下一章节中介绍投资分配问题的研究提供基础。

5　基于二层规划理论的信息化投资分配模型研究

5.1 研究背景

20 世纪 90 年代，实物期权理论就被运用到信息化投资决策研究中。例如，20 世纪末 21 世纪初，在 IT 领域的信息化投资中，贝纳罗什（Benaroch）和考夫曼（Kauffman）已经率先做出探究，其研究的重点就是实物期权在该领域的应用；蔡永明（2006）等应用实物期权理论思想，提出了带有负漂移率的投资随机模型，关于模型的最优化解，可以应用蒙特·卡罗（Monte Carlo）的模拟实验，该模拟实验方式可以求得这个模型时间最优解的近似解，而对这个模型的解释可以给相关企业做出投资指导；一些学者也尝试采用一些其他方法，如倪明等建立了基于企业部门间资源分配的多目标信息化投资决策模型；贝恩柔德（Bernroider，2006）和斯蒂克斯（Stix，2006）综合了效用排序方法和数据包络分析方法的优点，提出了一种解决信息系统投资决策问题的剖面距离方法；阿查德（Azadeh，2009）等运用层次分析法、德尔菲法和数据包络分析法解决企业中的信息系统投资问题。

但是，上述方法大多假设决策者在一组约束条件下寻求一个或多个目标函数的最优值，然而在实际的信息化投资中，通常由企业集团总部制定向各级子公司（或部门）分配资源的方案。对于子公司而言，首先它需要根据自身信息化建设的进度和信息化的目标做出完成整个项目的预算，然后再向上级集团总部做出相应的反馈；对于相应的母集团公司而言，集团总部可以根据各个子公司的反馈调整决策方案。当决策者不得不考虑决策执行者的反应时，就涉及多层决策问题。也就是说企业信息化投资中的资源分配往往是一个多层决策问题。

目前，解决多层决策问题一般采用多层规划理论。由于多层规划理论具有广泛的实践背景和较高的应用价值，近年来发展十分迅猛，同时也受到其他学科领域的关注。而各个领域关注的重点集中在二层规划模型，这个现象的成因显而易见，就我国当前的形势而言，典型的二层结构有党中央和地方人民政府、国企和其子公司、工厂的厂部和车间、校本部和下属院所等。自坎德勒（Candler，1977）和诺顿（Norton，1977）首次提出二层规划和多层规划的概念以来，各国学者的研究成果使得二层规划理论不断地走向成熟。信息化投资也可以看成是一个二层规划问题，近年来已有学者采用二层规划方法对信息化投资进行研究。张聪慧（2008）在国内首次用二层规划的方法解决信息化投资资金的分配问题，为解决政府信息化投资过程中的协调决策问题，提出了一种基于二层规划的决策模型。其中，上层是实现政府信息化投资整体效益最大化模型，下层是获得信息化资金的各企业效益最大化模型，对上层规划问题和下层规划问题均采用混沌算法求解模型的最优解，最后结合算例进行了模型应用，为政府的信息化投资决策提供了理论依据。

对于二层规划问题的求解，传统的优化方法不是十分有效。在解决二层规划问题模型的过程中，大量算法得到了应用，其中不乏遗传算法（GA）、粒子群算法（NN）和神经网络（NN）等著名智能算法。埃伯哈特（Eberhart，1995）和肯尼迪（Kennedy，1995）提出了粒子群优化（particle swarm optimization，PSO）算法，其最早源于对鸟群觅食行为的研究，而这个算法运行机制的创新之处在于该算法不是依靠个体的自然进化规律，而是模拟了生物群体的社会行为。在生物群体中个体和集群存在着相互交叉的影响，而 PSO 算法利用信息共享机制，完成了对这种社会行为的模拟。该算法之所以成为热门算法课题，是因为粒子群算法概念简单、容易实现，需要调节的参数偏少。由以上的分析可以知道，宜采用二层规划方法解决信息化升级投资中的资源分配问题，并采用基于惯性权重改进的粒子群优化算法进行求解。

5.2 二层规划理论

5.2.1 二层规划的基本性质及理论

二层规划其实是多层规划的一种，是最简单的多层规划形式，可以将多层规划看成是由二层规划组成的。例如，中央政府—省级政府—地级市政府—县政府—乡镇政府，就是典型的多层结构：上一级的政府对下一级的政府有约束力，同时下一级政府也有自己的利益诉求，但是上一级政府和下一级政府的利益有时会发生冲突，如何协调利益关系，尽量满足双方的利益诉求，也就是该多层规划的含义。在市场经济中，母子公司的关系结构也呈现出明显的二层规划的基本特点：母公司对子公司有约束，但是双方的目标函数不一致，如何在涉及双方的规划中，以母公司利益最大化为第一目标，同时兼顾到子公司的利益，就成了该二层规划应该解决的问题。

二层规划的决策过程可以简单描述如下：上层应该在自己的约束范围内，先给定一个决策或约束；下层的各个决策者以此决策为依据，或者在上层给定的约束范围内，求取自己目标函数的最优值，并将对应的自变量返回到上层；上层再依据下层返回的变量，在自己的约束范围内，求取上层目标函数的最优值；不断重复，直到能够求解近似最优值为止。绝大部分有关线性二层决策问题的研究工作都把该类问题归结为下面的模型：

$$
\begin{aligned}
(\text{BLLP})\min F(x,y) &= c_1^T x + d_1^T y \qquad (5.1)\\
\text{s. t.}\quad A_1 x + B_1 y &\leqslant b_1\\
x &\geqslant 0\\
y \in \arg\min f(x,y) &= d_2^T y\\
\text{s. t.}\quad A_2 x + B_2 y &\leqslant b_2\\
y &\geqslant 0
\end{aligned}
$$

式中，c_1、$x \in R^{n_1}$、d_1、d_2、$y \in R^{n_2}$，A_1、$B_1 \in R^{m_1\times n_1}$，$A_2$、$B_2 \in R^{m_2\times n_2}$；容许集 $S = \{(x,y) \in R^{n_1\times n_2} \mid A_1x + B_1y \leqslant b_1, A_2x + B_2y \leqslant b_2, x \geqslant 0, y \geqslant 0\}$；诱导域 $IR = \{(x,y) \mid (x,y) \in S$ 且 $y \in \arg\min d_2^T y\}$。

定义 5.1 如果对任何 $(x,y) \in IR$ 都有 $c_1^T x^* + d_1^T y^* \leqslant c_1^T x + d_1^T y$，称 $(x^*, y^*) \in IR$ 为（BLLP）的最优解。

性质 5.1 （BLLP）必有最优解（可以无界）。

这一点可由与（BLLP）关系密切的两个线性规划表明。一个是忽略下层目标函数而得到的松弛线性规划（relaxed linear program，简记 RLP）：

$$
\begin{aligned}
(\text{RLP})\min\ & c_1^T x + d_1^T y \qquad (5.2)\\
\text{s. t.}\quad & A_1 x + B_1 y \leqslant b_1
\end{aligned}
$$

$$A_2x + B_2y \leqslant b_2$$

$$x,y \geqslant 0$$

另一个是当 $x = \tilde{x}$ 时，得到（BLLP）的下层规划（follower linear program，简称 FLP）：

$$(\text{FLP})\min d_2^T y \tag{5.3}$$

$$\text{s.t.} \quad B_1 y \leqslant b_1 - A_1\tilde{x}$$

$$B_2 y \leqslant b_2 - A_2\tilde{x}$$

$$y \geqslant 0$$

不难看出有：$F_{FLP}^* \geqslant F_{BLLP}^* \geqslant F_{RLP}^*$，其中 F_{FLP}^* 和 F_{RLP}^* 分别表示相应问题的最优值，F_{BLLP}^* 表示（BLLP）的上层目标函数值，而 $F_{FLP}^* = F(\tilde{x},y^*)$，其中 y^* 是（FLP）问题的最优解，故只要（RLP）与（FLP）很好地定义，则（BLLP）有解。

性质 5.2：（BLLP）的诱导域 IR 是连通的（connected）。

性质 5.3：（BLLP）是 NP 难问题。

性质 5.4：（BLLP）是非凸的。

尽管二层线性规划本质上是非凸的，但也有一些类似于凸规划的性质。

结论 1：可行域 IR 的极点是 S 的极点。

结论 2：（BLLP）至少有（全局）最优解是 IR 的极点，进而（BLLP）有（全局）最优解是 S 的极点。

5.2.2 二层规划的求解

5.2.2.1 二层线性规划问题

二层规划是非常复杂的，这种复杂不仅表现在构建模型上，而且表现在计算的复杂性上。自 20 世纪 70 年代开始，很多学者对线性两层规划的性质和结构进行研究，现在已经提出了几十种二层规划的算法，用来求解二层线性规划模型。对于二层线性规划问题的求解算法总结如下。

（1）隐式搜索法。隐式搜索法求解出最优解的思路是先从下层规划生成待检验的一系列极点列，在生成极点列的同时确保每个待检验极点的可行性，最后再将各个待检验极点的值依次进行比较，算出最优解。

现设定容许集 $S = \{(x,y) \mid A_1x_1 + A_2x_2 = b, x_1 \geqslant 0, x_2 \geqslant 0\}$ 是有界的。对于每个给定的容许值 x_1，下层优化问题有唯一解，如式（5.4）所示。

$$\begin{cases} \max\limits_{x_2} \ f_2(x_1,x_2) = c_{21}x_1 + c_{22}x_2 \\ \text{s. t.} \quad A_1x_1 + A_2x_2 \\ x_2 \geqslant 0 \end{cases} \tag{5.4}$$

其中，将 x_1 看作已知常数，所以这是一个线性规划问题。按照线性规划理论，当所有的检验数非正，B 中的基矩阵 B 是最优基，即：

$$d_j - d_{\bar{B}}^T \bar{B}^{-1} b_j \leqslant 0, j = 1,2,\cdots,n_2 \tag{5.5}$$

其中，d_j 是 d 的第 j 个分量，$d_{\bar{B}}$ 是 d 中对应于 $\bar{B}$ 的分量构成的向量，b_j 是矩阵 B 中第 j 列，$j = 1,2,\cdots,n_2$。

设 B 是全体基矩阵集，且满足上述条件，M 中每个矩阵叫作一个二层最优基。但是它的可行性有待探讨，下层选取的基矩阵要求比较严格，下层基矩阵不仅要求是最优的而且还要求有可行性，也就是说还应该满足：$x_{2\bar{B}} = \bar{B}^{-1}(b - A_1x_1) \geqslant 0$，其中 $x_{2\bar{B}}$ 是对应于 $\bar{B}$ 的基变量，而非基变量 $x_{2N} = 0$。

上层知道了下层的这些信息以后，就可以求解它的规划问题了。容易看出上层的问题就相当于要首先求解下列 L 个线性规划问题：

$$\begin{cases} \max \ c_{11}x_1 + (b^i)^T B_i^T (b - A_1x_1) \\ \text{s. t.} \quad B_i^{-1}(b - A_1x_1) \geqslant 0, x_1 \geqslant 0 \\ i = 1,2,\cdots,L \end{cases} \tag{5.6}$$

其中，b^i 是 b 中对应于 B^i 的分量组成的向量。

将这 L 个问题分解可以得最优解 x_1^i 和最优值 $f_{1i}(i = 1,2,\cdots,L)$。$\max\{f_{11},\cdots f_{1L}\} = f_{1k}$，则 f_{1k} 必为最优值，x_1^k 就是上层最优策略。

（2）网络搜索算法。定义 5.2：约束域 $S = \{(x_1,x_2) \mid A_1x_1 + A_2x_2 = b\}$；上层决策者的解空间为 $P = \{x_1$：存在一个 x_2 且 $A_1x_1 + A_2x_2 \leqslant b\}$；下层决策者的解空间可以表示为 $S(x_1) = \{x_2 : A_2x_2 \leqslant b - A_1x_1\}$。对于每一个固定的 $x_1 \in P$，$X_2(x_1)$ 表示下层决策问题 $\max\{c_{22}x_2 : x_2 \in S(x_1)\}$ 的最优解集。

定义5.3：如果 $\bar{x}_1 \in P$，且 $\bar{x}_2 \in X_2(\bar{x}_2)$，点 $(\bar{x}_1, \bar{x}_2)$ 称为二层规划问题的可行解。

定义5.4：如果 (x_1^*, x_2^*) 是可行解；值 $c_{11}x_1^* + c_{12}x_2^*$ 对所有 $x_2^* \in X_2(x_1^*)$ 是唯一的：对于所有可行解 $(\bar{x}_1, \bar{x}_2) \in S, c_{11}x_1^* + c_{12}x_2^* \geqslant c_{11}x_1 + c_{12}x_2$，点 (x_1^*, x_2^*) 称为二层规划问题的最优解。

搜索算法是先用约束无限集表述一个层次规划的下层决策问题，在这个基础上可以将上层规划问题模拟成非凸拟无限规划问题：

$$\begin{cases} \max\limits_{x_2} c_{11}x_1 + c_{12}x_2 \\ \text{s.t.} \quad A_1x_1 + A_2x_2 \leqslant b \\ c_{22}t - c_{22}x_2 \leqslant 0, \text{对 } \forall t \in S(x_1) \end{cases} \tag{5.7}$$

其对应的 Kuhn - Tucker 条件为：

$$\begin{cases} u[A_1, A_2] - v[0, c_{22}] = [c_{11}, c_{12}] \\ u(A_1x_1 + A_2x_2 - b) = 0 \\ A_1x_1 + A_2x_2 \leqslant b \\ u \geqslant 0, v \geqslant 0 \end{cases} \tag{5.8}$$

下面研究如下的参数线性规划：

$$\begin{cases} \max P(\lambda, x_1, x_2) = \lambda(c_{11}x_1 + c_{12}x_2) + (1-\lambda)c_{22}x_2 \\ \text{s.t.} \quad A_1x_1 + A_2x_2 \leqslant b \\ \lambda \in (0,1] \end{cases} \tag{5.9}$$

当 $\lambda = \dfrac{1}{1+v}$ 时，上述模型的 Kuhn - Tucker 条件就是（5.8），因而二层规划的最优解是存在某个 $\lambda^* \in (0,1]$ 为模型（5.9）的最优解。

步骤1：置 $P(\lambda, x_1, x_2) = \lambda(c_{11}x_1 + c_{12}x_2) + (1-\lambda)c_{22}x_2$，令 $\lambda = 1$ 并解（5.9），得到 (x_1^1, x_2^1)；

步骤2：检查 (x_1^1, x_2^1) 的可行性，并解下层决策问题得到 $\bar{y}^1$，如果 $\bar{y}^1 = y^1$ 则停止，否则转步骤3；

步骤3：当 $\lambda = \lambda_j$ 时，让 (x_1^j, x_2^j) 为模型（5.9）的当前解，做出灵敏度分析，决定 λ 的极小值并保持 (x_1^j, x_2^j) 的最优性，记为 $\lambda_{\min}$，置 $\lambda_{j+1} = \lambda_{\min} - \delta$，

这里 $\delta>0$ 充分小以保证没有顶点被丢失；

步骤4：对问题 $P(\lambda,x_1,x_2)$ 解模型（5.9），得到解 (x_1^{j+1},x_2^{j+1})；

步骤5：检查 (x_1^{j+1},x_2^{j+1}) 的可行性，解下层决策问题得 $\bar{y}^{j+1}$，如果 $\bar{y}^{j+1}=y^{j+1}$ 则停止，否则转步骤3。

（3）基于双准则规划的算法。定理 $\exists\lambda^0\in(0,1]$，则参数线性规划

$$\begin{cases}\max P(\lambda,x_1,x_2)=\lambda(c_{11}x_1+c_{12}x_2)+(1-\lambda)c_{22}x_2\\ \text{s. t.}\quad A_1x_1+A_2x_2\leqslant b\\ x_1\geqslant 0,x_2\geqslant 0\end{cases}\tag{5.10}$$

的最优解 (x_1^0,x_2^0) 亦是对应的层次规划问题的最优解。

推论：线性二层规划问题的解或是双准则问题（5.11）的有效解，或者在对应于 $\lambda=1$ 的问题（5.11）的多重最优解集当中。

$$\begin{cases}\max\ (c_{11}x_1+c_{12}x_2,c_{22}x_2)\\ \text{s. t.}\quad A_1x_1+A_2x_2\leqslant b\\ x_1\geqslant 0,x_2\geqslant 0\end{cases}\tag{5.11}$$

用基于双准则规划的算法来考虑这个问题，先极大化第一个目标函数，并求出这个极大化的解，然后需要考察这个解的可行性。如果第一个目标的可行性在约束条件内成立，可以认为此解就是下层问题的最优解，同时认为这个算法运行完毕，不然继续搜索（5.10）的有效解，并且考察搜索解是否为可行解。当搜索解是有效解时，那么将搜索解作为最优解的一个限值加以存储，存储该值的目的是为了求得一个界限，并依据此界限把搜索限制在更好（第一个目标值比现有的限值大）的限值间。

（4）Kth－Best 算法。Kth－Best 算法是由比亚拉斯（Bialas，1985）、卡曼（Karwan，1982）提出的，算法内容如下。

步骤1：置 $i=1$，采取单纯形法使得下面的问题得到最优解 $\hat{x}_{[i]}$，令 $W=\{\hat{x}_{[i]}\}$ 和 $T=\varnothing$，转步骤2；

$$\begin{cases}\max f_1(x)\\ \text{s. t.}\quad Ax=b\\ x\geqslant 0\end{cases}\tag{5.12}$$

步骤2：通过有界单纯形法求解下面的线性规划问题：

$$\begin{cases}\max f_2(x) \\ \text{s.t.} \quad Ax = b \\ x_1 = \hat{x}_{[i]} \\ x_2 \geqslant 0\end{cases} \tag{5.13}$$

以 $\tilde{x}$ 表示（5.13）的最优解，如果 $\tilde{x} = \hat{x}_{[i]}$，则停止，$\tilde{x}$ 即为一个全局最优解，$k^* = i$，否则转步骤3；

步骤3：用 $W_{[i]}$ 表示与 $\hat{x}_{[i]}$ 相邻的极点的集合，且存在 $f_1(x) \leqslant f_1(\hat{x}_{[i]})$，$x \in W_{[i]}$，令 $T = T \cup \{\hat{x}_{[i]}\}$ 和 $W = (W \cup W_{[i]}) \cap T^c$，转步骤4；

步骤4：置 $i = i + 1$ 和选择 $\hat{x}_{[i]}$，且 $f_1(\hat{x}_{[i]}) \leqslant \max\{f_1(\hat{x}_{[i]})\}$ 转步骤2。

（5）PCP 算法。PCP（parametric complementary pivot）即参数互补旋转算法，该算法可以将二层问题的下层决策问题转化为单层决策问题，方法是将 Kuhn – Tucker 条件加入问题中代替下层决策问题。

$$\begin{cases}\max c_{11}x_1 + c_{12}x_2 \\ \text{s.t.} \quad A_1x_1 + A_2x_2 + u = b \\ A_2w - v = c_{22} \\ wu = 0, x_2v = 0 \\ x, u, w, v \geqslant 0\end{cases} \tag{5.14}$$

（6）模糊算法。模糊算法是用模糊集理论的隶属度函数交互多目标优化的方法进行问题求解，最终该求解的过程可以得到层次优化的满意解。在求解过程中目标事件决策过程中上层和下层可能会产生出一些相互矛盾的地方，但是仍然可以认为双层规划满意解的提出具有实际意义，因为尽可能最大化其目标函数。这个过程首先是由上层决策者定义自己的目标值和自变量的隶属度函数，确定上层决策者的满意系数的阈值，将上层决策的目标值和上层决策者自变量的隶属度大于阈值作为下层决策的约束；下层决策者加上原来上层决策者所施加的约束条件进行决策，得到下层决策者的最优决策，将下层决策者的决策结果反馈到上层决策者，如果上层决策者对下层决策者的反馈结果满意，那么这个问题就得到了满意解。

5.2.2.2 二层非线性规划问题

现在使用模型对二层非线性规划问题进行说明，可以将二层非线性规划分成两种：一种是与下层决策无关联的二层规划；一种是与下层决策有关联的二层规划。

对于与下层决策无关联的二层规划问题可以采用以下方法。

（1）直接搜索法。求解单目标的二层规划问题可以采取直接搜索法，算法的模型如下：

$$\begin{cases}\max\limits_{x} F(x,y) \\ \text{s. t.} \quad H(x) \geqslant 0 \\ \max\limits_{y_i} \ f_i(x,y_i) \\ \text{s. t.} \quad g_i(x,y_i) \leqslant 0, i = 1,2,\cdots,N \\ h_i(y_i) \geqslant 0 \\ x \geqslant 0, y \geqslant 0 \end{cases} \tag{5.15}$$

其中，$F(x,y)$ 是上层的单目标函数，$y = (y_1,y_2,\cdots,y_N)$，$f_i(x,y_i)$ 是第 i 个下层的单目标函数。

搜索方向确定的方法如下。

①设一初始基点 $x^0 = x = (x_1,x_2,\cdots,x_n)$ 和步长 $\delta = (\delta_1,\delta_2,\cdots,\delta_n)$，由上层决策者确定，设计数器 $k = 1$；

②由给定的 $x^0 = x = (x_1,x_2,\cdots,x_n)$ 计算相应的 $y_i(i = 1,2,\cdots,N)$ 的值，并计算 $F(x,y)$ 的值；

③计算尝试点 $x^k = (x_1,\cdots,x_{i-1},x_i + \delta_i,x_{i+1},\cdots,x_n)$ 及相应的 $y_i^k(i = 1,2,\cdots,N)$ 的值；

④如果下层 N 个问题的解 $y_i^k(i = 1,2,\cdots,N)$ 均存在，且 $x_i \in X$，$F(x^k,y^k) < F(x,y)$，令 $x = x^k$，$F(x,y) = F(x^k,y^k)$，转⑥，否则转⑤；

⑤令 $x^i = (x_1,\cdots,x_{i-1},x_i - \delta_i,x_{i+1},\cdots,x_n)$ 及相应的 $y_i^k(i = 1,2,\cdots,N)$ 值，如果下层 N 个问题的解 $y_i^k(i = 1,2,\cdots,N)$ 均存在，且 $x_i \in X$，$F(x^k,y^k) < F(x,y)$，令 $x = x^k$，$F(x,y) = F(x^k,y^k)$，转⑥，否则保留 x 与 $F(x,y)$ 的值

转⑥；

⑥判别 k 是否等于 n，如果是，结束；否则，令 $k=k+1$，返回步骤③。

经过上述计算，如果所得的解 $x^n \neq x^0$，则 x^n 和 x^0 连接所指的方向可以认为是一个比较理想的搜索方向。

直接搜索法需要确定一个初始基点 $x=(x_1,x_2,\cdots,x_n)$ 和步长 $\delta=(\delta_1,\delta_2,\cdots,\delta_n)$ 及精度要求 ε。

①令 $x^0=x$；

②令 $x^1=x^0$，从 x^1 出发，以 δ 为步长，利用搜索方向的确定方法来确定搜索方向；

③判别③是否成功，如成功，转⑥，否则转⑤；

④判别 $\delta_i \leqslant \varepsilon(i=1,2,\cdots,n)$ 是否成立，如成立，停止，否则，令 $\delta=\delta/10$，返回步骤③；

⑤由公式 $\bar{x}=x^n+(x^n-x^0)$ 确定搜索步长；

⑥判断是否成功搜索步长，如果搜索步长成功，令 $x^0=\bar{x}$，转③，否则，令 $x^0=x^n$，返回步骤③。

（2）模糊交互式决策方法。设有以下模型：

$$\begin{cases}\max\limits_{x} F(x,y)=(f_{01}(x,y),\cdots,f_{0N}(x,y)) \\ \max\limits_{y_i} f_i(x,y_i) \\ \text{s.t.} \quad g_i(x,y_i)\leqslant 0, i=1,2,\cdots,N \\ h_i(y_i)=0 \\ x\geqslant 0, y\geqslant 0\end{cases} \tag{5.16}$$

设满意解为 (x^U,y^U) 和最大容许度 p_1 由上层决策者给出，(x^L,y^L) 为下层问题的近似解，所以可以定义变量 x（上层决策者）的隶属度函数为：

$$u_x(x)=\begin{cases}\dfrac{x-(x^U-p_1)}{p_1} & x^U-p_1\leqslant x\leqslant x^U \\ \dfrac{(x^U+p_1)-x}{p_1} & x^U\leqslant x\leqslant x^U+p_1 \\ 0 & \text{其他}\end{cases} \tag{5.17}$$

由上层目标函数的偏好隶属度函数可以得出：

$$u_{0k}(f_{0k}(x,y)) = \begin{cases} 1 & f_{0k} > f_{0k}^{U} \\ f_{0k} - f_{0k}'/f_{0k}^{U} - f_{0k}' & f_{0k}' \leqslant f_{0k} \leqslant f_{0k}^{U} \\ 0 & f_{0k} < f_{0k}' \end{cases} \tag{5.18}$$

其中，$f_{0k}^{U} = f_{0k}(x^{U}, y^{U})$，$f_{0k}' = \min\{f_{0k}(x^{L}, y^{L})\}$。

进而，下层目标函数的偏好隶属度函数为：

$$u_{i}(f_{i}(x,y)) = \begin{cases} 1 & f_{i} > f_{i}^{L} \\ f_{i} - f_{i}'/f_{i}^{L} - f_{0k}' & f_{i}' \leqslant f_{i} \leqslant f_{i}^{L} \\ 0 & f_{i} < f_{i}' \end{cases} \tag{5.19}$$

其中，$f_{i}^{L} = f(x^{L}, y^{L})$，$f_{i}' = f_{i}(x^{U}, y^{U})$。

于是二层规划问题（5.16）可以转换成单层规划问题（5.20）：

$$\begin{cases} \max\limits_{y_i} f_{i}(x, y_{i}) \\ \text{s. t.} \quad g_{i}(x, y_{i}) \leqslant 0, i = 1, 2, \cdots, N \\ u_{x}(x) \geqslant \alpha \\ u_{ok}(f_{ok}(x,y)) \geqslant \beta \\ h_{i}(y_{i}) = 0, x \geqslant 0, y \geqslant 0 \\ \alpha \geqslant 0, \beta \leqslant 1 \end{cases} \tag{5.20}$$

考虑到下层决策者都处在同一层且假设他们之间不存在直接交互信息的关系，可视之为多目标问题，可将模型（5.20）转换为模型（5.21）：

$$\begin{cases} \max \lambda \\ \text{s. t.} \quad g_{i}(x, y_{i}) \leqslant 0 \\ u_{x}(x) \geqslant \lambda \times I, 0 \leqslant \lambda \leqslant 1 \\ u_{ok}(f_{ok}(x,y)) \geqslant \lambda \\ u_{i}(f_{i}(x, y_{i})) \geqslant \lambda, i = 1, 2, \cdots, N \\ h_{n}(y_{n}) = 0, x \geqslant 0, y \geqslant 0 \end{cases} \tag{5.21}$$

（3）K－T条件法。若条件发生变化，上层决策者的目标函数不止一个，但是下层决策者的目标函数只有一个（5.16），可以定义一个上层决策者的目标满意函数：

$$u_{0k}(f_{0k}(x,y)) = 1 - (b_{0k} - f_{0k})/(b_{0k} - a_{0k}) \tag{5.22}$$

其中：$a_{ok} = \min\{f_{ok}(x,y)\}, b_{ok} = \max\{f_{ok}(x,y)\}$。

对于给定的满意度 $S, u_{ok}(f_{ok}(x,y)) = 1 - (b_{ok} - f_{ok})/(b_{ok} - a_{ok}) \geqslant S$，即：

$$f_{ok}(x,y) \geqslant (b_{ok} - a_{ok})S + a_{ok} \tag{5.23}$$

为了将上层的多目标规划问题变为一个单目标问题，并且该单目标问题含有满意度，可以利用 ε 约束方法，得到模型如下：

$$\begin{cases} \max\limits_{x} f_{01}(x,y) \\ f_{0k}(x,y) \geqslant (b_{0k} - a_{0k})S + a_{ok}, k = 1,2,\cdots,n \\ \max\limits_{y_i} f_i(x,y_i) \\ \text{s.t.} \quad g_i(x,y_i) \leqslant 0, i = 1,2,\cdots,N \\ h_i(y_i) = 0 \\ x \geqslant 0, y \geqslant 0 \end{cases} \tag{5.24}$$

为了形成单层单目标规划问题，可以借鉴上文的思路，引入 Kuhn - Tucker 条件到下层规划问题：

$$\begin{cases} \max\limits_{x} f_{01}(x,y) \\ \text{s.t.} \quad f_{0k}(x,y) \geqslant (b_{0k} - a_{0k})S + a_{ok}, k = 1,2,\cdots,n \\ \nabla_{yi} f_i(x,y) - \sum\limits_{j=1}^{M} r_j \nabla_{yi} g'_j(x,y_i) = 0 \\ r_j \times g'_j(x,y_i) = 0 \\ x \geqslant 0, r_j \geqslant 0, j = 1,2,\cdots,M \end{cases} \tag{5.25}$$

其中：$g'_j(x,y_i) = (g(x,y), h_i(y_i), -h_i(y_i), -y_i)$。

根据不同满意度 S 可以得到一组可以接受的满意解。

（4）罚函数法。变换下面模型方法是采用罚函数法，使参数极小化的下层问题转化一个无约束问题，而这个问题由扩充函数 f_n、g_n、h_n 组成，可以应用非线性规划技术：

$$\begin{cases} \min\limits_{x} \ F(x,y) \\ \text{s. t.} \quad G(x,y) \leqslant 0, H(x) = 0 \\ \min\limits_{y_n} f_n(x,y_n) \\ \text{s. t.} \quad g_n(x,y_n) \leqslant 0 \\ h_n(y_n) = 0 \\ x \geqslant 0, y \geqslant 0 \end{cases} \tag{5.26}$$

设 $S_n(x) = \{y_n | g_n(x,y_n) < 0, h_n(y_n) < 0\} \neq 0$，在 $S_n(x)$ 上定义增广函数：

$$P'_n(x,y_n) = f_n(x,y_n) + r \times \varphi(g_n(x,y_n), h_n(y_n)), r > 0 \tag{5.27}$$

障碍函数 $\varphi(g_n(x,y_n), h_n(y_n))$ 是连续的，当障碍函数位于非符区域上时，并且符合：

$$\varphi(g_n(x,y_n), h_n(y_n)) > 0 \qquad y_n \in S_n(x) \tag{5.28}$$

$$\varphi(g_n(x,y_n), h_n(y_n)) \to +\infty \qquad y_n \to \partial S_n(x) \tag{5.29}$$

在 P'_n 关于 x, y_n 的凸性条件下，无约束优化问题的最优解的充分必要条件是满足下面的关于 y_n 的驻点条件：

$$\nabla_{yn} P'_n(x,y_n) = \nabla_{yn} f_n(x,y_n) + r \times \nabla_{yn} \varphi(g_n(x,y_n), h_n(y_n)) = 0 \tag{5.30}$$

则模型（5.26）转变为如下可以直接求解的单层模型：

$$\begin{cases} \max\limits_{x} \ F(x,y) \\ \text{s. t.} \quad G(x,y) \leqslant 0 \\ H(x) = 0 \\ \nabla_{yn} P'_n(x,y_n) = 0 \\ x \geqslant 0, y \geqslant 0 \end{cases} \tag{5.31}$$

对于与下层决策有关联的二层规划问题可以采用以下方法。

第一，基于满意度的交互式约束变尺度法。针对一主多从下层有关联的二层规划模型：

$$\begin{cases} \max\limits_{x} \ F(x,y) = (f_{01}(x,y),\cdots,f_{0N_0}(x,y)) \\ \text{s. t.} \quad (x,y_1,\cdots,y_n) \in \Omega_0 \\ \max\limits_{y_i} \ f_i(x,y_1,\cdots,y_n) = (f_{i1},f_{i2},\cdots,f_{iN_i}) \\ \text{s. t.} \quad (x,y_1,\cdots,y_n) \in \Omega_i, i = 1,2,\cdots,N \end{cases} \tag{5.32}$$

首先定义上下层决策者目标满意度的表达式：

$$u_{0k}(f_{0k}(x,y)) = 1 - (b_{0k} - f_{0k})/(b_{0k} - a_{0k}), k = 1,2,\cdots,N_0 \tag{5.33}$$

$$u_{0i}(f_{01}(x,y)) = 1 - (b_{0i} - f_{0i})/(b_{0i} - a_{0i}), k = 1,2,\cdots,N_i \tag{5.34}$$

为了将上层的多目标规划转化为一个含有满意度的单目标问题，可以利用 ε - 约束法，在运用了 ε - 约束法之后，可以将上层多目标的双层规划问题向单目标的双层规划问题（5.35）做出成功的转换，其中参数 S 可以认为是给定的满意度。为了形成单层目标规划问题（5.36），需要借助 Kuhn - Tucker 条件来对下层规划问题进行替换。然后再根据不同的满意度 S 和 S′得到一组可接受的满意解。

第二，基于满意度的交互式方向搜索法。该算法的主要思想就是将上层的问题进行优先处理，在上层问题中采用基于满意度的交互式决策算法，算法可以求解出上层多目标决策问题，采用基于满意度的交互式方法可以得到上层的一系列可接受的满意解，并由上层决策者根据其满意度的大小，对这一系列满意解排序，这个排序的结果可以反映出上层决策者的满意度偏好。然后，依次把此满意解的上层决策变量传递给下层，下层收到这些变量后进行平衡规划处理，在下层的平衡规划中，采用改进后的方向搜索法求出下层各决策变量的最接近上层满意度的非劣解，利用多目标优化的 kuhn - Tucker 条件判断所求得的解是否是下层优化问题的平衡解，若是，则把此平衡解反馈给上层，由上层确定双层决策问题的满意解；若不是，则由上层重新给出满意解，重复以上过程，直到获得双层决策问题的满意解。

$$\begin{cases} \max\limits_{x} f_{01}(x,y) \\ \text{s.t.} \quad (x,y_1,\cdots,y_p) \in \Omega_0 \\ f_{0k}(x,y) \geqslant (b_{0k} - a_{0k})S + a_{0k}, k = 1,2,\cdots,N_0 \\ \max\limits_{y_i} f_{i1}(x,y_1,\cdots,y_{N_i}) \\ \text{s.t.} \quad (x,y_1,\cdots,y_p) \in \Omega_i, i = 1,2,\cdots,N \\ f_{0i}(x,y) \geqslant (b_{0i} - a_{0i})S' + a_{0i}, i = 1,2,\cdots,N_i \end{cases} \tag{5.35}$$

$$\begin{cases} \max\limits_{x} f_{01}(x,y) \\ \text{s.t.} \quad (x,y_1,\cdots,y_p) \in \Omega_0 \\ f_{0k}(x,y) \geqslant (b_{0k} - a_{0k})S + a_{0k}, k = 1,2,\cdots,N_0 \\ \nabla_{yi} f_i(x,y) - \sum\limits_{j=1}^{M} r_j \nabla_{yi} g_j'(x,y_i) = 0, i = 1,2,\cdots,N \\ r_j \times g_j'(x,y_i) = 0, r_j \geqslant 0, j = 1,2,\cdots,M \\ (x,y_1,\cdots,y_N) \in \Omega_i, i = 1,2,\cdots,N_i \end{cases} \tag{5.36}$$

①置 $k=1$；

②求解上层多目标决策问题，问题的求解采用基于满意度的交互式决策算法，最终得到上层满意解 $x^{\sim k} = (x^k, y^k)$；

③把 $x^{\sim k} = (x^k, y^k)$ 给下层，求解下层的平衡规划问题方式是采用方向搜索法，得 $z_Q^k = (x_Q^k, y_Q^k)$，若 z_Q^k 为下层的平衡解，则转④，否则转⑤；

④满足

$$\frac{\| F_0(x^{\sim k}) - F_0(z_Q^k) \|_2}{\| F_0(z_Q^k) \|_2} \tag{5.37}$$

⑤置 $k=k+1$，转②。

二层规划不一定是单目标的，也有可能是多目标的。多目标二层规划问题，顾名思义，就是指二层规划的上下层至少有一层是多目标的。相对单目标二层规划，多目标二层规划更加复杂，更难以求解。有一些学者将多目标的二层规划模型不断推向实用领域，清水（Shimizu，1980）将多目标的二层规划模型用在资源分配领域。我国学者向丽（1999）提出了较为复杂的、目标具有相互关联特点的多目标二层规划模型，并在此基础上提出了模糊决策的方法。

二层规划问题的求解是一个非常复杂的问题，即使两层都是线性规划，模型的求解还是 NP - hard 问题。由于二层规划研究问题的复杂性，有很多的学者对该问题的求解非常有兴趣，从而产生了多种多样的算法，如极点搜索法、罚函数法、分枝定界法、梯度下降算法、互补旋转算法、智能算法等。

5.3 模型与算法设计

5.3.1 模型构建

在不确定环境下研究信息化企业如何科学地分配资金，构建基于二层规划理论的信息化升级投资资源分配模型。

在上层规划中，选择企业集团在信息化升级投资中追求的整体效益最大化为全局目标，可以将上层决策变量定义为上层企业集团对下层子企业的资金投资数额，并且该变量约束下层规划。

下层规划以各子企业在信息化投资中的投资风险最小化为目标，在寻求最优的投资项目组合的过程中需要考虑各子企业信息化升级成本等约束条件，得到最优投资项目组合的最优解，再将最优解结果反馈到上层，由上层总体权衡各个下层的最优解结果，从而得到最终的决策方案。

本书将企业利用信息化资金的方式分为三类：第一类为软件费用，具体为采购费用和维护费用；第二类为硬件费用，同样也包括采购和硬件的维护费用；第三类为人员技能培训费用，这些技能主要包括信息化的相关技能。这里分别给出上层规划模型，这个模型主要用来处理相关信息化投资和相应的下层规划模型。

企业集团总部在企业集团的信息化建设过程中起着组织、引导、推动和投资的作用，目标是将有限的资金在各级子公司之间进行科学合理的分配，进而使得整个企业集团的信息化投资获得整体效益最大化。

上层模型：

$$\max F = \sum_{i=1}^{M} F_i(x^{(i)}, z^{(i)}, y_1^{(i)}, y_2^{(i)}, y_3^{(i)}) \tag{5.38}$$

$$\text{s.t.} \quad a \leqslant \sum_{i=1}^{M} x^{(i)} \leqslant b$$

$$a^{(i)} \leqslant x^{(i)} \leqslant b^{(i)}$$

其中，$x^{(i)}$ 为各子公司信息化专项资金的预算费用，a 和 b 分别为集团总公司用于信息化专项资金预算的下限和上限，$a^{(i)}$ 和 $b^{(i)}$ 分别为各子公司信息化专项资金预算的下限和上限。该模型可以较好地描述上层的目标函数，即集团公司追求的是总销售收入的最大化。

下层模型：

$$\max F_i(x^{(i)}, z^{(i)}, y_1^{(i)}, y_2^{(i)}, y_3^{(i)}) \tag{5.39}$$

$$\text{s.t.} \quad c_1^{(i)} \leqslant y_1^{(i)} \leqslant d_1^{(i)}$$

$$c_2^{(i)} \leqslant y_2 \leqslant d_2^{(i)}$$

$$c_3^{(i)} \leqslant y_3 \leqslant d_3^{(i)}$$

$$y_1^{(i)} + y_2^{(i)} + y_3^{(i)} \leqslant x^{(i)}$$

$$(i = 1, 2, 3, \cdots, m)$$

式中，F_i 为各子公司年销售收入；$x^{(i)}$ 为各子公司信息化总投入的预算费用；$y_1^{(i)}$ 为各子公司的软件投入费用；$y_2^{(i)}$ 为各子公司的员工信息化技能培训费用；$y_3^{(i)}$ 为各子公司的硬件投入费用；$z^{(i)}$ 为当年企业所在的细分市场总额。

下层可以清晰地表示，子公司是以追求各自的销售收入最大化为目标函数的。

以上模型都是以信息化投资的预算作为约束条件的，这其实是比较符合企业的真实情况的。在现实生活中，集团也往往以预算的形式对下属的子公司进行控制。

5.3.2 基于惯性权重改进的粒子群优化算法

5.3.2.1 粒子群算法原理

可以将每个优化问题的求解过程模拟成搜索空间中的一只鸟，而这只鸟就被定义为粒子。适应每一个粒子均有一个适应值，而这个适应值是由最优化函数求解而得。粒子飞翔的方向和距离由这个粒子的速度确定。当参数确定之后，粒子们就在当前空间中搜索最优的粒子解。PSO 在初始化时定义一群随机的粒子，这些随机粒子再进行迭代，在每一次迭代中，粒子会产生两个极值（速度和位置），粒子需要跟踪这两个极值来改变自己的状态。个体极值的定义是反映第一个粒子的最优解，全局极值就是整个种群的最优解，而这个极值反映了整个种群的当前状态。考虑到条件的多样性，可以不使用整个种群而是选用该种群中的一部分，再对这个局部群体进行上述迭代过程，可以得出局部极值。在 PSO 中，可以将每个优化问题的求解过程看作搜索这个空间中的一只鸟，也就是粒子，PSO 首先初始化一群随机状态的粒子，然后对这些粒子进行多轮迭代，在每一轮迭代的过程中，粒子自身也在更新自己的两个值，一个值是粒子当前的速度，另一个值就是粒子当前的位置，而这两个值构成了粒子自身的两个状态因素。粒子自身在求解过程中的最佳解是“自我意识”，而这个“自我意识”往往和局部搜索的表现有一定的关系。“群体智慧”表现了群体最优解，这个最优解将在全体协作下向全局最优解靠拢，粒子在优化过程中的运动轨迹如图 5.1 所示。

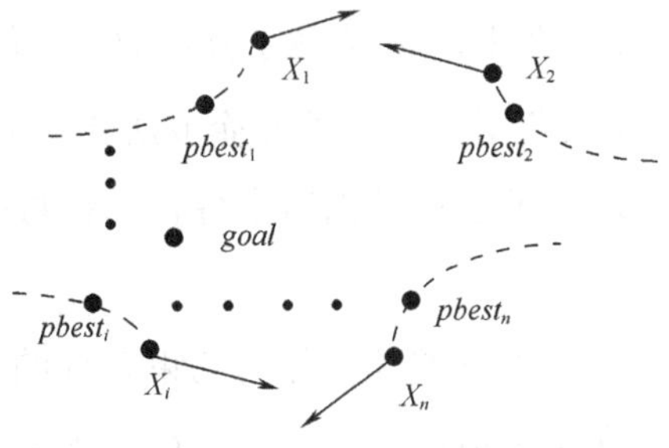

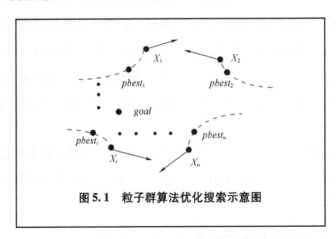

图 5.1　粒子群算法优化搜索示意图

假设在一个 D 维的目标搜索空间中，空间中存在 N 个粒子，这 N 个粒子恰好组成一个群落，这个群落中的第 i 个粒子表示为 D 维的一个向量：

$$\boldsymbol{X}_i = (x_{i1}, x_{i2}, \cdots, x_{iD}), i = 1, 2, \cdots, N。$$

第 i 个粒子的速度状态也是一个 D 维的向量，这个向量可以记为：

$$\boldsymbol{V}_i = (v_{i1}, v_{i2}, \cdots, v_{iD}), i = 1, 2, \cdots, N。$$

第 i 个粒子的极值是迄今为止搜索到的最佳位置，这个位置记为：

$$\boldsymbol{p} = (p_{i1}, p_{i2}, \cdots, p_{iD}), i = 1, 2, \cdots, N。$$

全局极值表示为整个粒子群迄今为止搜索到的最优位置，记为：

$$\boldsymbol{g} = (p_{g1}, p_{g2}, \cdots, p_{gD})$$

粒子更新自身信息，包括自身的速度和位置，则根据如以下公式计算得出：

$$v_{iD} = w \times v_{iD} + c_1 r_1 (p_{iD} - x_{iD}) + c_2 r_2 (p_{gD} - x_{iD}) \tag{5.40}$$

$$x_{iD} = x_{iD} + v_{iD} \tag{5.41}$$

式中，c_1 和 c_2 为加速常数，或者叫学习因子，r_1 和 r_2 为均匀随机数，分布在［0，1］这个区间中。

式（5.40）的右边由三部分构成：第一部分为惯性，反映了粒子的运动维持自身状态的趋势，也称之为“习惯（habit）”，表示粒子有维持自己先前速度的趋势；第二部分为认知，这个部分反映了粒子的记忆（memory），在记忆中可以看出粒子的历史经验，这个部分是代表粒子逼近某点的趋势，而这个点就是粒子的历史最佳位置；第三部分为社会，反映了粒子间协同合作和粒子间知识共享的群体历史经验，代表粒子有向群体或局部粒子的邻域历史最佳位置逼近的趋势。根据经验，通常 $c_1 = c_2 = 2$；$i = 1, 2, \cdots, N$；v_{iD} 是粒子的速度，$v_{iD} \in [-v_{\max}, v_{\max}]$，$v_{\max}$ 是常数，由用户设定并对粒子的速度进行限制；r_1 和 r_2 是介于［0，1］之间的随机数，粒子位置在每一次迭代的状态可用图 5.2 来描述，该图中 t 代表迭加次数。

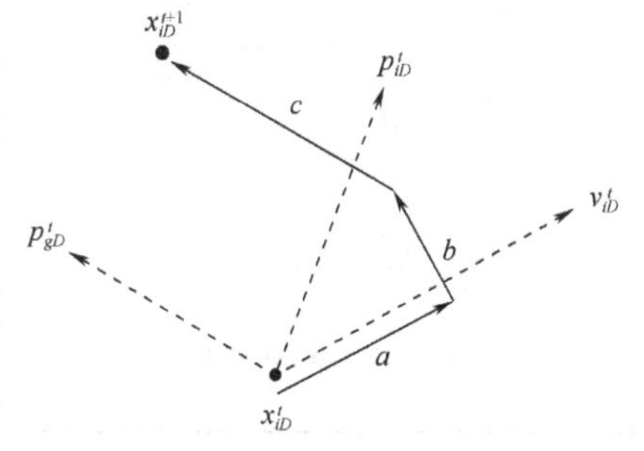

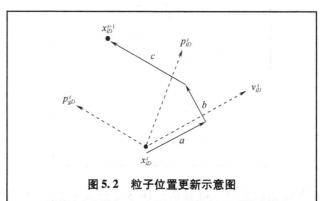

图 5.2　粒子位置更新示意图

a. 当前速度的影响；*b.* 自我记忆的影响；*c.* 群体的影响

由于粒子群算法在搜索方面的表现甚为高效，运用在多目标求出最优解的问题下十分有益，通过模拟整个种群，在种群中采用并行搜索的方式同时求得多个非劣解。同时，粒子群算法在通用性方面的表现也十分出色，适合处理多种类型的目标函数和约束条件；在与传统优化方法相结合方面的表现也令人满意，可以借此突破粒子群算法本身的局限性，进而高效地解决相关的问题。因此，无论是单目标问题还是多目标问题，粒子群算法都十分适合。

5.3.2.2 粒子群算法的全局模型与局部模型

粒子群算法的特点显而易见。式（5.40）的第一部分为粒子的“习惯”部分，也就是粒子先前就在模拟的过程中具有的速度；第二部分在模拟空间求解的过程中是“认知”部分，这个部分在这个过程中表示粒子本身一个思考的过程；第三部分在这个模拟空间求解的过程中是“社会”部分，这个部分可以表示粒子相互合作，同时分享社会信息。虽然模型的社会部分和认知部分没有在理论上给出重要性的结论，但有一些问题已经在相关研究中暴露了出来，相对于模型的认知部分，模型的社会部分表现得更重要。因此，粒子群优化算法寻找最优解的过程借鉴了人或动物在认知事物时表现出的习惯。自身最优 pbest 和全局最优 gbest 对粒子的行为有着很大的影响，这就是全局版本粒子群算法，算法如图 5.3 所示。

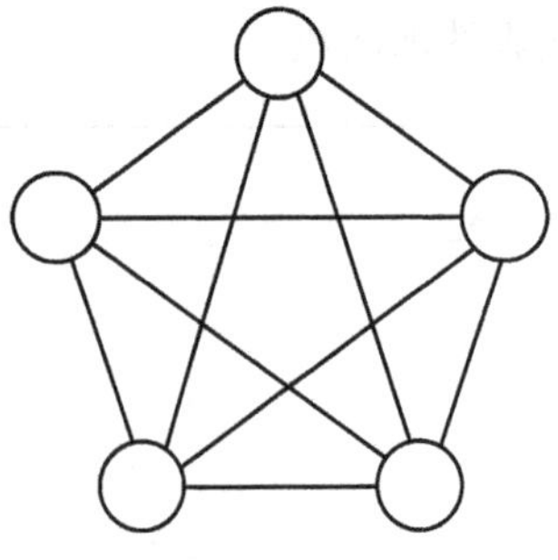

图 5.3 gbest 模型

还有一种为局部版本粒子群算法。在这个局部版本的粒子群算法之中，粒子的行为是受到自身最优 pbest 的影响，还受到这个拓扑结构中邻近粒子中

的局部最优 lbest 影响，而不受全局最优 gbest 的影响，如图 5.4 所示。

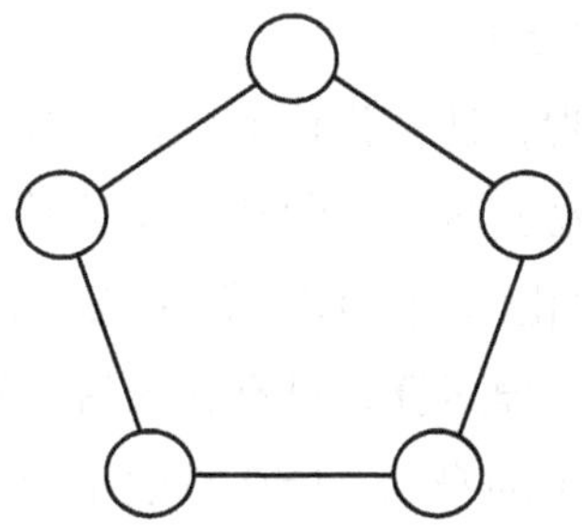

图 5.4 lbest 模型

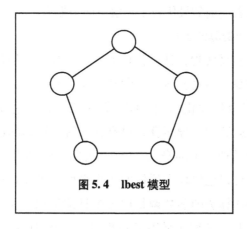

对局部版本的 PSO 算法，可以将式（5.40）改为：

$$v_{ij}(t+1) = v_{ij}(t) + c_1 r_1(t)[p_{ij}(t) - x_{ij}(t)] + c_2 r_2(t)[p_{ij}(t) - x_{ij}(t)] \tag{5.42}$$

其中，p_{ij}为邻近粒子的局部最优解。

现在可以将这两个不同版本的算法做一个具有价值的对比。对比得出的一个结论是：在收敛到全局最优解的速度上，全局 PSO 算法的收敛速度比局部 PSO 算法相对而言要快，原因是在全局 PSO 算法之中，粒子的信息是社会共享的。但是，全局 PSO 算法有一个很重要的缺陷需要改进，就是全局 PSO 算法容易，但最终解会陷入局部最优。由于局部 PSO 算法允许粒子与相邻的粒子间相互施加影响，进而影响着各个粒子之间的行为，受到影响的双方会进行比较，虽然在收敛速度上局部 PSO 算法相对较慢，但局部 PSO 算法不会轻易陷入局部最优的窘境。

可以再次将算法进行生物模拟。把一个求解最优化问题的过程看作空中觅食鸟群的生物模拟，粒子群中每个优化问题的可行解就像是搜索空间中的一只鸟，这只被搜索的鸟就是“粒子”，而“食物”就是优化问题的最优解，求解的过程就如同鸟觅食的过程。不同之处在于模拟中的鸟群（粒子）是经过人工处理的，它们均有记忆功能，但是没有体积和质量，占据的空间为 0，粒子有速度和位置两个属性，对于每个粒子而言都有一个由优化问题决定的适应度值（Fitness Value）来评价粒子的“好坏”程度，可以看出所有粒子的行为就是永远追随着当前的最优粒子在解空间中搜索。

5.3.2.3　基本粒子群算法流程

粒子群算法很容易实现，计算代价低且占用计算机硬件资源少，具有易于描述、设置参数少、容易实现、收敛速度快的特点。粒子群算法已被证明能很好地解决许多全局优化问题。PSO 算法依靠粒子速度完成搜索，因为 PSO 算法没有交叉运算和变异运算，只有在求解中得到的最优粒子才会将信息在迭代中散播到其他粒子的身上。PSO 算法不但拥有很快的搜索速度，而且还有记忆功能，可以记住粒子群体的历史最好位置并将这个最好的位置传递给其他粒子。PSO 算法的参数调整比较少且结构相对而言比较简单，容易在工程得到实现，并且该算法采用了实数编码，直接由问题的解决定，粒子的维数就是问题解的变量数。PSO 算法的流程图如图 5.5 所示。

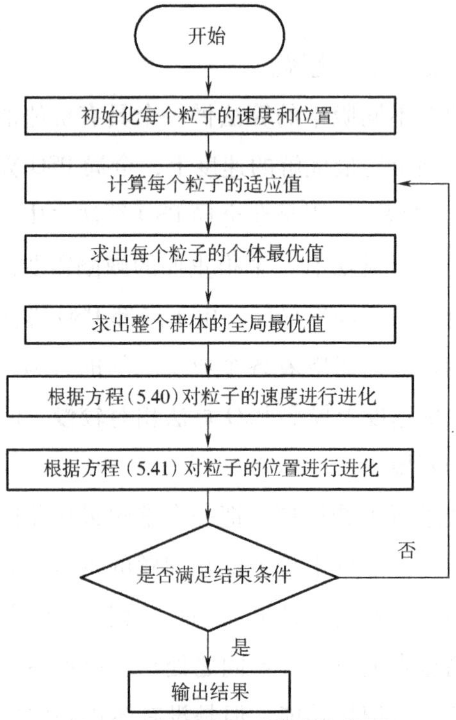

图 5.5　基本粒子群算法流程图

基本粒子群算法缺乏速度的动态调节，容易陷入局部最优的状况，这样会导致收敛精度低以及不易收敛的结果，不但不能有效解决离散问题和组合优化的问题，而且在求解一些非直角坐标系描述的问题中缺乏有效性。面对不同的优化问题，怎样选择参数才能达到最优效果，才是粒子群算法的研究重点和难点。对粒子群算法的分析改进不单单有重要的理论意义，而且具有一定的实际应用价值。

5.3.3 粒子群算法权重改进的策略研究

高维复杂问题优化采用 PSO 优化算法时，有很大的概率会遇上过早收敛的情况。换言之，种群聚集到一点停滞不动，但是此时种群并没有达到全局最优点。在对 PSO 进行大量的研究后发现，早期 PSO 收敛速度较快，但到了寻求最优解的后期，结果则不是特别理想，其主要原因是算法收敛到局部极小，而这个算法又缺乏有效的机制使其保持多样性或避开局部极小点。研究人员进行了大量的研究，先后提出了线性递减权重（LinWPSO）、自适应权重（SAPSO）、随机权重（RandWPSO）策略。下面对这几种权重改进的粒子群算法进行比较分析。

5.3.3.1 几种测试函数的简介

（1）Griewank 函数图像（图 5.6）。由函数图像可以得，该函数在一定的范围内得到最小值 0。

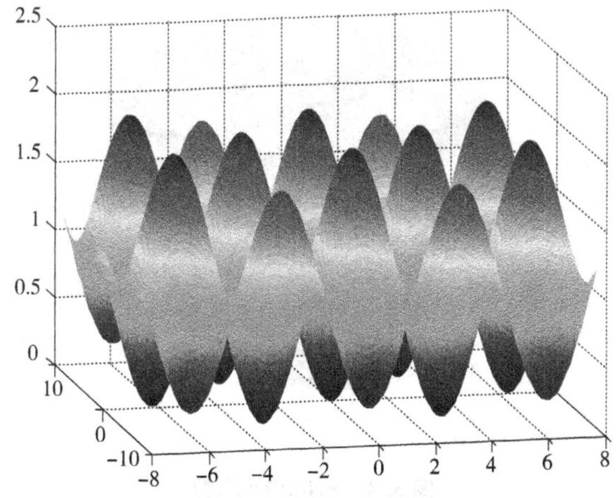

图 5.6 Griewank 函数

（2）Rastrigin 函数图像（图 5.7）。由函数图像可得，该函数在一定的范围内得到最小值 0。

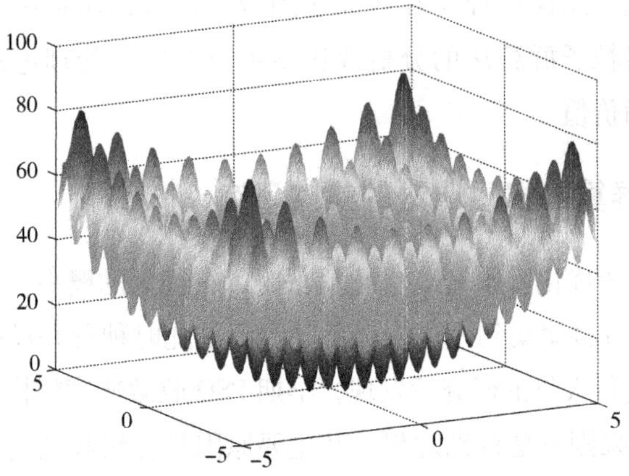

图 5.7　Rastrigin 函数

（3）Schaffer 函数图像（图 5.8）。由函数图像可得，该函数在一定的范围内得到最小值 -1。

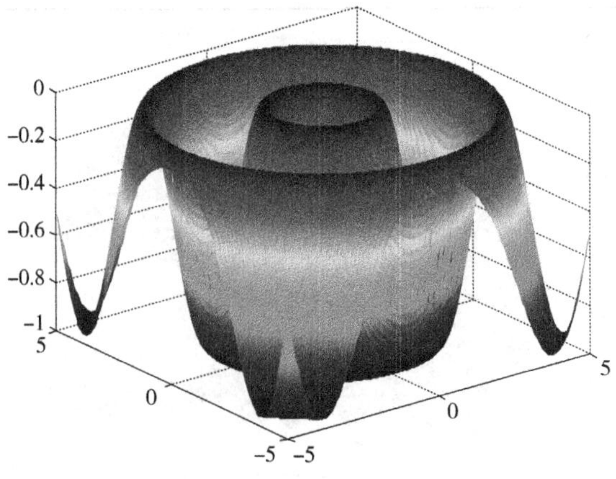

图 5.8　Schaffer 函数

（4）Ackley 函数图像（图 5.9）。由函数图像可得，该函数在一定的范围内得到最小值 0。

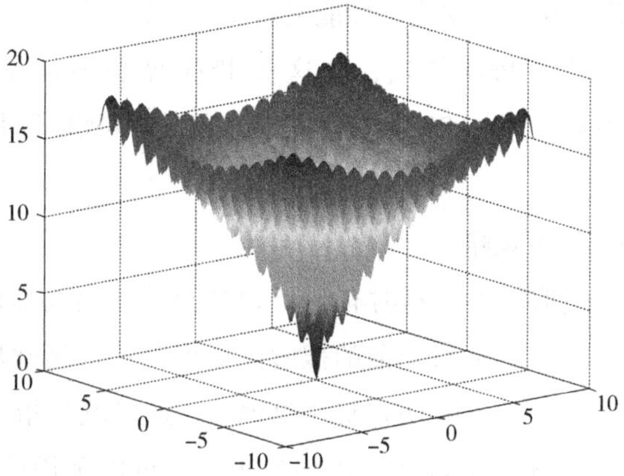

图 5.9　Ackley 函数

（5）Rosenbrock 函数图像（图 5.10）。由函数图像可得，该函数在一定的范围内得到最小值 0。

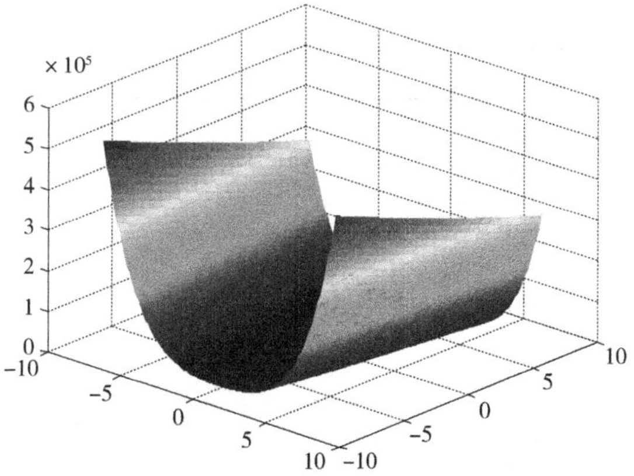

图 5.10　Rosenbrock 函数

5.3.3.2　三种权重改进策略

在粒子群算法中可调节参数有很多，其中的重要参数有惯性权重 ω。通过前面对参数的分析可以知道，为了提高算法的全局搜索能力，需要一个较大的 ω，为了提高算法局部搜索的性能又需要一个较小的 ω。通过变化不同的权重可以获得不同的 PSO 算法，在这些 PSO 算法中常见的权重改进有 LinWPSO 线性递减权重、SAPSO 自适应权重、RandWPSO 随机权重，下面分别对其进行说明。

（1）线性递减权重策略。

①算法原理。当取较大的 ω 时有利于 PSO 算法跳出局部极小值点，提高全局搜索能力，而较小的 ω 对当前的搜索区域可以进行精确局部搜索，使得算法收敛。因此，针对 PSO 算法容易“早熟”（这里就是指过早收敛）以及算法后期易在全局最优解附近产生震荡的现象，可以采用改变权重的方法。这里采用线性变化的权重，换句话说，让惯性权重从最大值 ω_{max} 线性减至最小值 ω_{min}，ω 随算法迭代次数的变化公式为：

$$\omega = \omega_{max} - t\frac{\omega_{max} - \omega_{min}}{t_{max}} \tag{5.43}$$

式中，ω_{max}、ω_{min}分别表示 ω 的最大值和最小值，通常取 $\omega_{max} = 0.9$，$\omega_{min} = 0.4$；t 表示当前迭代步数；t_{max} 表示最大迭代步数。

②ω 变化曲线。如图 5.11 所示。

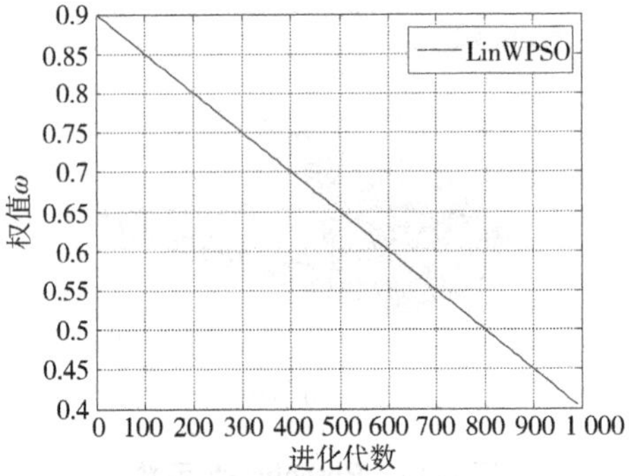

图 5.11　惯性权重变化曲线

(2) 自适应权重策略。

①算法原理。为了在 PSO 算法的全局搜索性和局部改良性中取得平衡，还有一种改良策略。该策略采用非线性的动态惯性权重系数公式，表达如下：

$$\omega = \begin{cases} \omega_{\min} - \dfrac{(\omega_{\max} - \omega_{\min}) \times (f - f_{\min})}{f_{avg} - f_{\min}}, f \leqslant f_{avg} \\ \omega_{\max}, f > f_{avg} \end{cases} \tag{5.44}$$

式中，$\omega_{\max}$、$\omega_{\min}$分别表示 ω 的最大值和最小值；粒子此时的目标函数值可以用f来表示，所有粒子的平均目标值为f_{avg}，所有粒子的最小目标值为$f_{\min}$。

在式 (5.44) 中，因为惯性权重随着粒子f的变化而自动改变，所以这个方法称为自适应权重。

当粒子的目标函数值趋于一致或者集中趋于局部最优时，可以将 ω 的值增加；如果粒子的目标函数值相对而言也较分散时，可以将 ω 的值做出相应的减少。同时对于目标函数值优于平均目标值的粒子，由于这些粒子对应的 ω 较小，保护了该粒子；相反，如果粒子的目标函数值劣于平均目标值，其对应的 ω 较大，使该粒子靠向较好的搜索区域。

② ω 变化曲线（举例）。如图 5.12 所示。

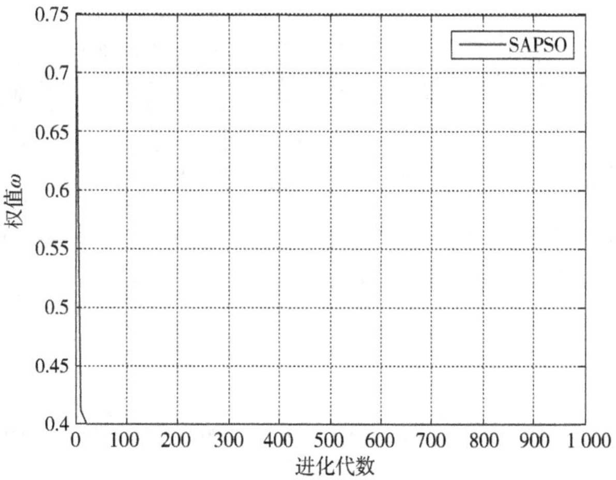

图 5.12 惯性权重变化曲线

(3) 随机权重策略。

①算法原理。将 PSO 算法中的 ω 假设为服从某种随机分布的随机数出现，这样处理权重因子后在一定程度上可以克服 ω 的线性递减所带来的两方面的不足。

首先，如果在进化初期接近最好点，则随机 ω 可能产生出相对较小的 ω 值，这样的 ω 将会加快 PSO 算法的收敛速度。除此之外，如果在算法初期找不到最好点，线性递减的 ω 使得算法最终收敛不到此最好点，但是 ω 的随机生成可以克服这种线性递减的局限。

ω 的计算公式在这个算法中如下：

$$\begin{cases}\omega = \mu + \sigma \times N(0,1) \\ \mu = \mu_{\min} + (\mu_{\max} - \mu_{\min}) \times \mathrm{rand}(0,1)\end{cases} \tag{5.45}$$

其中，$N(0,1)$ 表示标准正态分布的随机数，rand(0,1) 表示 0 到 1 之间的随机数。

② ω 变化曲线（举例）。如图 5.13 所示。

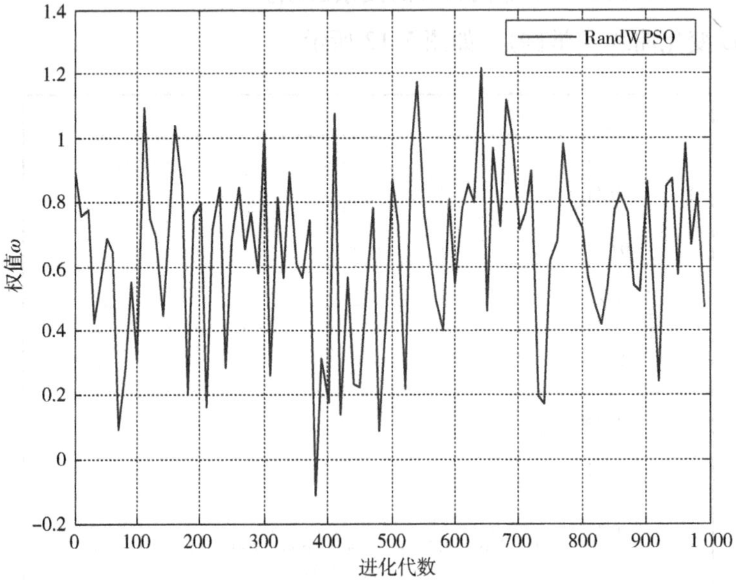

图 5.13 惯性权重变化曲线

5.4 三种权重改进策略的测试

利用上述所列举出的 5 种测试函数，对线性递减权重（LinWPSO）、自适应权重（SAPSO）、随机权重（RandWPSO）三种策略进行多次重复试验，测试结果取 10 次运行结果的平均值。以下为所得进化曲线图像及数据结果表格。

5.4.1 Griewank 函数三种策略测试进化曲线

（1）维度 $D=2$ 测试结果如图 5.14 所示。

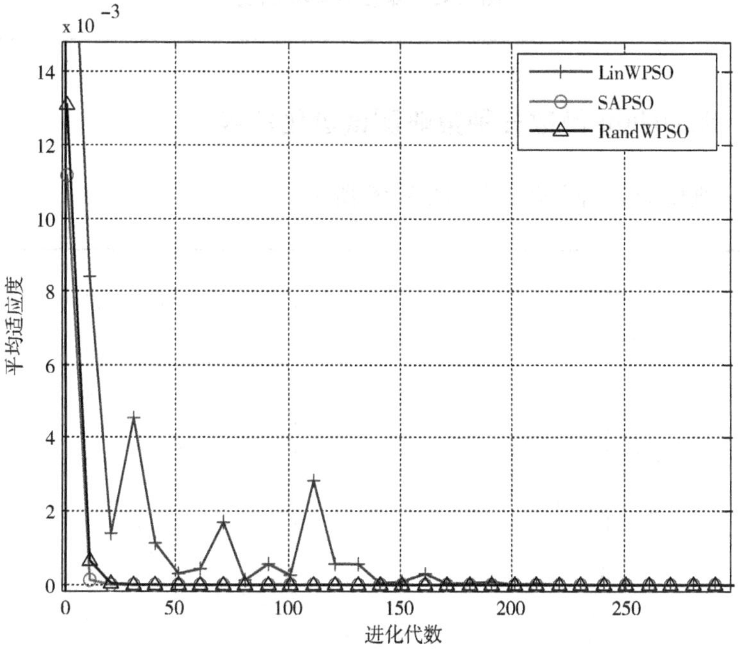

图 5.14 维度 $D=2$ 测试

（2）维度 $D=10$ 测试结果如图 5.15 所示。

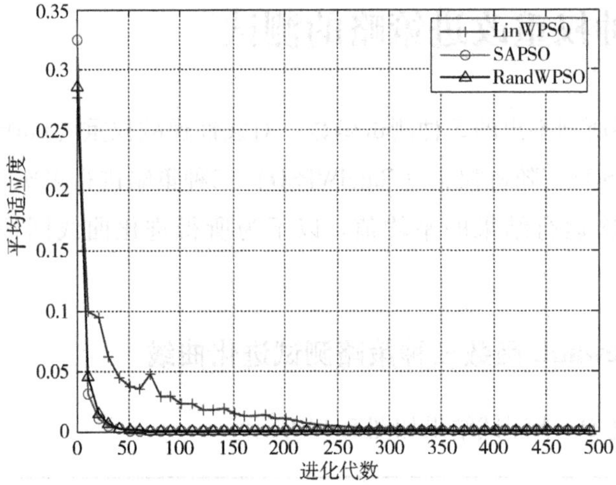

图 5.15　维度 $D=10$ 测试

5.4.2　Rastrigin 函数三种策略测试进化曲线

（1）维度 $D=2$ 测试结果如图 5.16 所示。

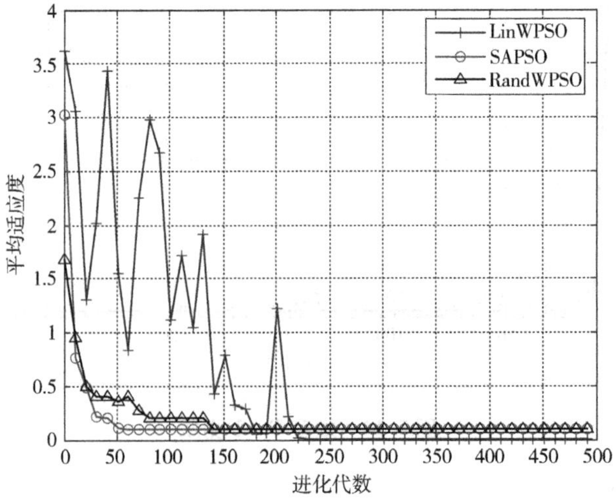

图 5.16　维度 $D=2$ 测试

（2）维度 $D=10$ 测试结果如图 5.17 所示。

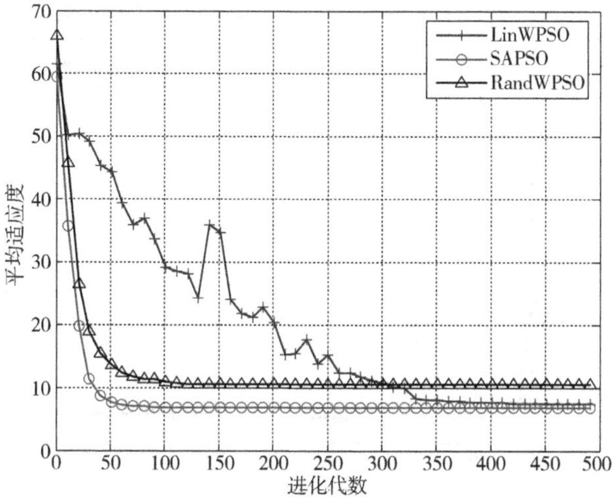

图 5.17　维度 $D=10$ 测试

5.4.3　Schaffer 函数三种策略测试进化曲线

（1）维度 $D=2$ 测试结果如图 5.18 所示。

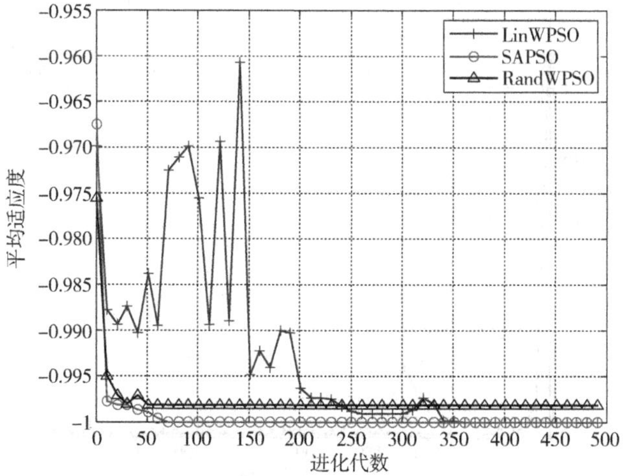

图 5.18　维度 $D=2$ 测试

（2）维度 $D=10$ 测试结果如图 5.19 所示。

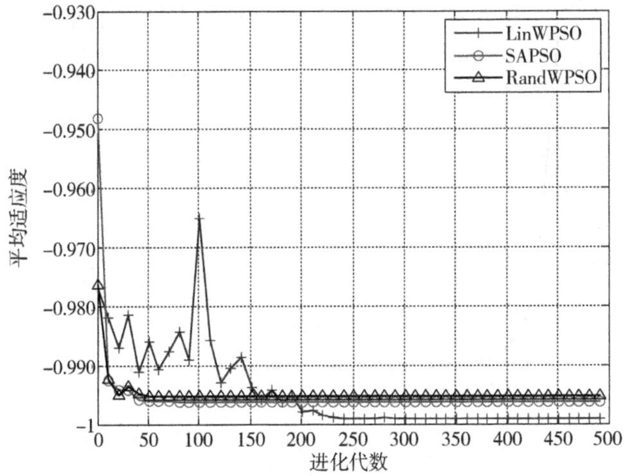

图 5.19　维度 $D=10$ 测试

5.4.4　Ackley 函数三种策略测试进化曲线

（1）维度 $D=2$ 测试结果如图 5.20 所示。

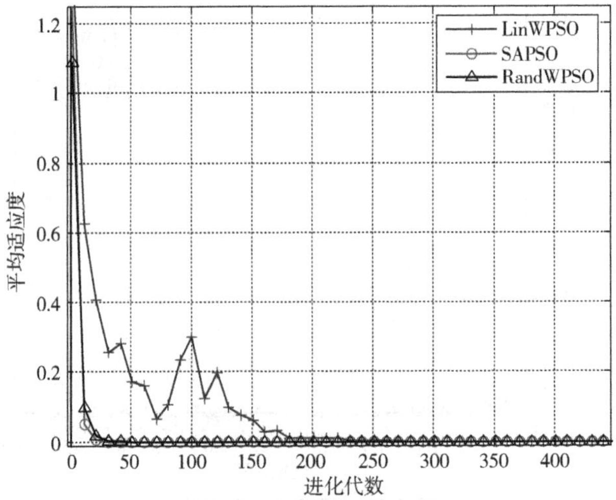

图 5.20　维度 $D=2$ 测试

（2）维度 $D=10$ 测试结果如图 5.21 所示。

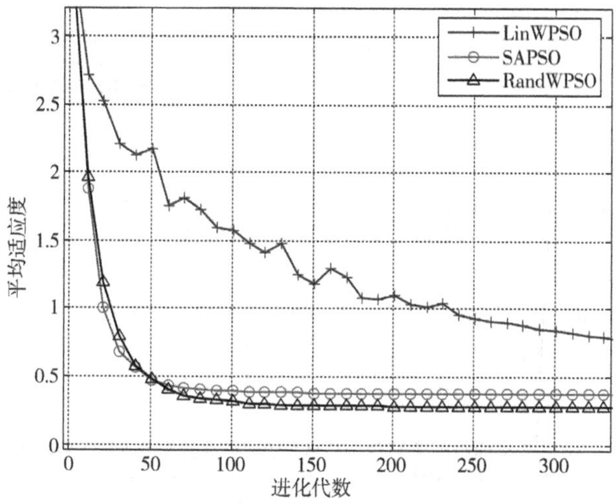

图 5.21　维度 $D=10$ 测试

5.4.5　Rosenbrock 函数三种策略测试进化曲线

（1）维度 $D=2$ 测试结果如图 5.22 所示。

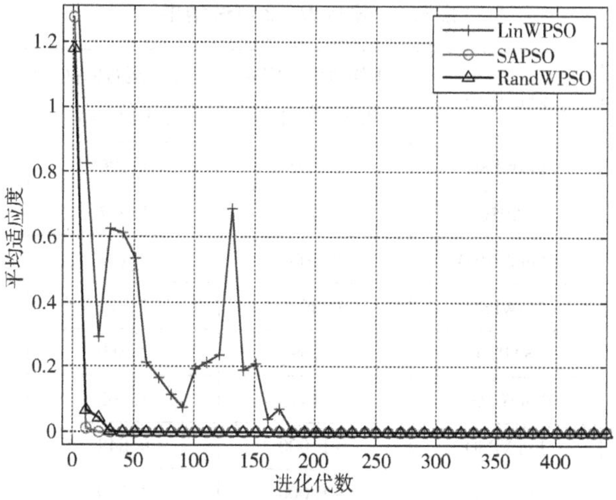

图 5.22　维度 $D=2$ 测试

（2）维度 $D=10$ 测试结果如图 5.23 所示。

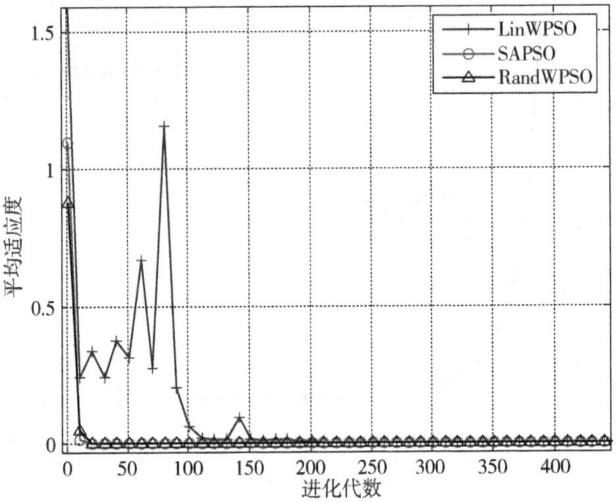

图 5.23　维度 $D=10$ 测试

5.4.6　三种权重改进策略测试结果与结论分析

测试结果如表 5.1、表 5.2 所示。

表 5.1　维度 $D=2$ 测试结果

测试函数	改进策略	平均最优适应度（保留 3 位小数）	平均运行时间（单位：s）	标准差（保留 6 位小数）
Griewank	LinWPSO	0.000	1.196	0.000 000
	SAPSO	0.000	1.557	0.000 000
	RandWPSO	0.000	1.193	0.000 000
Rastrigin	LinWPSO	0.000	1.075	0.000 000
	SAPSO	0.139	1.389	0.314 633
	RandWPSO	0.147	1.062	0.419 511
Schaffer	LinWPSO	−1.000	0.848	0.003 072
	SAPSO	−1.000	1.120	0.005 017
	RandWPSO	−0.995	0.857	0.000 000

续表

测试函数	改进策略	平均最优适应度（保留3位小数）	平均运行时间（单位：s）	标准差（保留6位小数）
Ackley	LinWPSO	0.000	1.276	0.000 000
	SAPSO	0.000	1.682	0.000 000
	RandWPSO	0.000	1.267	0.000 000
Rosenbrock	LinWPSO	0.000	0.736	0.000 000
	SAPSO	0.000	0.956	0.000 000
	RandWPSO	0.000	0.737	0.000 000

表 5.2　维度 $D = 10$ 测试结果

测试函数	改进策略	平均最优适应度（保留3位小数）	平均运行时间（单位：s）	标准差（保留6位小数）
Griewank	LinWPSO	0.000	1.464	$4.756\,398\times10^{-8}$
	SAPSO	0.000	1.898	$6.175\,240\times10^{-5}$
	RandWPSO	0.000	1.468	$3.958\,067\times10^{-8}$
Rastrigin	LinWPSO	10.172	1.259	2.930 492
	SAPSO	7.945	1.653	3.880 726
	RandWPSO	8.217	1.257	4.666 770
Schaffer	LinWPSO	−0.998	0.857	0.000 000
	SAPSO	−0.996	1.134	0.004 693
	RandWPSO	−0.995	0.857	0.004 096
Ackley	LinWPSO	0.000	1.423	0.557 927
	SAPSO	0.411	1.942	0.626 560
	RandWPSO	0.293	1.415	0.674 569
Rosenbrock	LinWPSO	0.000	0.745	0.000 000
	SAPSO	0.000	0.964	0.000 000
	RandWPSO	0.000	0.740	0.000 000

第一，从改进策略的稳定性上分析。由以上数据表可知，在随机初始种群的情况下，重复运行10次，每次的运行结果没有较大的变化，所得最优解

都在同一数量级内，差别较小。因此，算法运行结果比较稳定。

第二，从改进策略的优化效果上分析。三种改进算法都够很好地对函数进行优化，都能较稳定地向最优解区域收敛。其中线性递减改进策略初期适应值的波动较大，与其 ω 呈线性变化相关，继承前一代速度较多，容易跳出某一局部进行搜索，因此波动较大。

第三，从改进策略的收敛速度上分析。由进化曲线可得，这三种改进策略中，自适应权重改进策略（SAPSO）的收敛速度较快，不同的函数运行中可能有特例，但本次试验中选取的三种改进策略中，该策略在收敛速度上有较明显的优势。

第四，从改进策略的运行时间上分析。在进行的多次测试中，自适应权重改进策略的运行时间明显大于另外两种算法。因此，此策略在迭代次数较大且重复试验次数较多时，运行时间会产生较大区别。

总体来说，针对不同类型的测试函数，在不同的测试维度条件下，不同的改进策略会有不同的收敛速度及收敛效果。例如，针对多峰值函数的策略，更需要搜索范围的广度，避免得到“早熟”的结果。因此，在权重改进策略的选择上，要具体问题具体分析，全面考虑问题的特点，以此来选择最适合的策略。另外多个参数之间，利用不同的搭配也会有不同的效果，如何合理地选择、搭配各个参数也将成为一个需要研究的热门课题。

5.5 求解二层规划模型的改进粒子群算法

双目标规划问题的定义是指一个二层规划相应的双目标规划，而且该双目标规划的两个目标函数一个是指二层规划的上层目标函数；另一个是指这个规划的下层目标函数，这个目标函数的可行集恰好就是二层规划的容许集。双层目标优化问题就是指包含上层目标优化和下层目标优化的两个问题，其中下层优化问题恰好就是上层优化问题的约束条件。因此，在求解上层目标优化问题的过程中，需要首先求得下层目标优化问题的最优解，这样求出的最优解可以保证上层优化问题解的可行性和确定性。

系统是分层管理的，上层和下层的决策者都要做出决策，下层的决策者要服从上层的决策者，虽然有着这样的约束条件，但是下层决策者可以自己做主进行决策，他做出的决策有自主性。上层决策者有上层的目标，下层决策者有下层的目标，而两层决策者的目标是不一样的，还可能具有很大的差异。不但如此，两层决策者的目标甚至可能是相反的或者是矛盾的。在双层优化问题中，上层优化问题的决策变量将影响下层优化问题的目标函数和下层优化问题的约束集，下层优化问题根据上层优化问题给定的决策变量选取使目标函数最优的决策变量，这一过程也会影响到上层优化问题的目标函数和约束集，上层优化问题可以根据下层优化问题的结论调整决策变量，直到上层目标函数达到了最优的情况。

5.5.1 算法的思路与设计

一个双层目标优化问题包括上层和下层两个不同的目标优化问题，两层优化问题的关系是下层优化问题的最优解对上层优化问题可行解的空间有决定性的影响。下层优化问题通常包含了两个矢量，一个是下层变量矢量 $\bar{x}_l$；另一是个上层常量矢量 $\bar{x}_u$。然而在上层优化问题中却有变量 $\bar{x} = (\bar{x}_l, \bar{x}_u)$，在这个等式中，可以做这样的定义：首先用 $\bar{x}_u$ 表示上层变量矢量，然后用 $\bar{x}_l$ 表示下层变量矢量，在下层优化的过程中 $\bar{x}_u$ 的值保持不变。正如前文所说，下层优化问题的最优解对上层优化问题的可行解的空间起着决定性的作用，下层的最优解要考虑上层规划问题的可行解的空间和约束条件，这就是上层优化问题。通常利用粒子群优化算法来实现双层规划的解答，在双层规划的问题中，上、下层规划都存在各层的决策变量和目标函数以及约束条件。在决策的过程之中，上层决策者可以最先做出自己的一个决策，然后再由下层的决策者在优化目标的同时选择对应的策略，这个下层决策者的策略要求和上层决策者的决策相适应。在下层决策者策略制定的过程中，上层的决策可能会影响下层决策者的策略集合，而且影响可能比较大，进而影响下层决策者的目标实现和实施，但这个影响范围不会特别大。上层的决策不能完全控制下层决策者，下层有自主决策权，但是仅仅是在上层决策者的允许范围之内。

上层决策率先给出上层策略，通过控制变量的值来指挥下层决策者，下层制定自己的最佳策略，不过这个策略在上层决策者的规划范围之内，并将自己的变量反馈给上层。同时为了使决策者的利益最大化，上层决策者再根据下层反馈调整其方案和决策，然后在两层之间进行交互迭代，同步优化二层规划的上下两层，最后会求得二层规划模型的全局最优解的近似值。因此，在解决二层优化问题时，采用基于群体进化过程的进化算法和进化目标优化策略有很大的潜力。通过保持两个相互作用的种群，可以设计出二层协同进化算法，进而使上下两层优化任务能迭代同步执行。粒子群算法提供了一种求解复杂系统优化问题的通用框架，并行性和全局搜索特性是粒子群算法的两大显著特征。本书针对二层目标优化的特点，基于粒子群算法和权重改进策略思想，提出了一种求解该类问题的二层目标粒子群优化算法（bi - level objective particle swarm optimization，BLOPSO）。

5.5.2 算法的流程步骤

处理双层优化问题的最大挑战、最大困难在于，只有当下层优化问题的解为最优解时，这个最终的问题的解才是上层规划的可行解，从而可以作为整个问题的最优解，这样的要求排除了用任何近似优化方法来求解双层优化问题。上层目标的实现很大部分要取决于下层决策目标的完成。上层在选择策略对自己目标函数进行优化处理时，就一定会在决策过程中将下层可能采取的策略对自己的不利影响设定在函数的考虑范围之内。上层决策者和下层决策者的容许策略集合一般是不可分离、不可分割的，它们常常会形成一个整体，在这个整体之中，上下层之间相互联系。BLOPSO 算法的基本流程步骤如下。

步骤 1：对每个粒子 i 的 d 维变量进行初始化。将粒子 i 的位置变量 X_i 与速度变量 v_i 进行随机化处理，同时设最大迭代次数为 T_{max}，再将粒子 i 的全局学习项以及局部学习项分别进行初始化操作，分别初始化为粒子自身在种群内的序号，二层模型中下层规划的初始解将在这样的初始化条件下随机产生。

步骤2：定义 pbest 为个体极值，同时 gbest 定义为整体极值。

步骤3：对粒子群体中所有粒子执行步骤3.1~3.5。

步骤3.1：更新粒子群中个体 i 的位置变量 X_i 和速度变量 v_i，更新的方式依据式（5.40）、式（5.41），同时评价粒子适应度，再更新粒子自身历史最优解，更新最优解的方式为根据适应值和种群历史最优解。

步骤3.2：将所求得的二层规划模型上层部分的解即粒子 i 的位置变量 X_i，代入到下层模型之中，求得下层模型的最优解 Y_i，求解方式利用惯性权重。

步骤3.3：将粒子 i 的位置变量与最优解的值（X_i,Y_i）代入上层规划模型中，同时根据适应度函数 $F(x,y)$ 计算得到粒子 i 的适应度值 $F(X_i,Y_i)$，$i \in [1,m]$，m 为粒子个数。

步骤3.4：计算粒子间聚集程度的阈值和平均聚集距离，用算法局部收敛判断是否陷入局部收敛。如果此时第 i 个粒子的适应度值 $F(X_i,Y_i)$ 优于当前个体的适应度值，则该粒子的位置 X_i 更新为 pbest，二层规划模型的下层部分对应的最优解也同时更新为 Y_i。

步骤3.5：采用改进的惯性权重调整策略重组全局学习项组合变量与局部学习项组合变量，如果此时第 i 个粒子的适应度值 $F(X_i,Y_i)$ 优于当前全局的适应度值，则该粒子的位置 X_i 更新为 gbest，下层规划所对应的最优解也相应地更新为 Y_i，否则保持当前学习项（保持组合变量值）。

步骤4：当到达最大迭代次数或满足算法终止条件时，直接跳转到步骤6退出，输出最优解，否则跳转到步骤5。

步骤5：利用惯性权重调整的粒子群优化算法 PSO 求出上层的 gbest 所对应的下层规划模型的 ygbest，直接跳转到步骤3，循环执行。

步骤6：根据适应度值更新粒子自身历史最优解，求得二层规划问题的最优解 gbest 和 ygbest 并输出最优解，计算出二层规划模型中的上层部分和下层部分所对应于最优解的适应度函数值。

BLOPSO 算法流程图如图5.24所示。

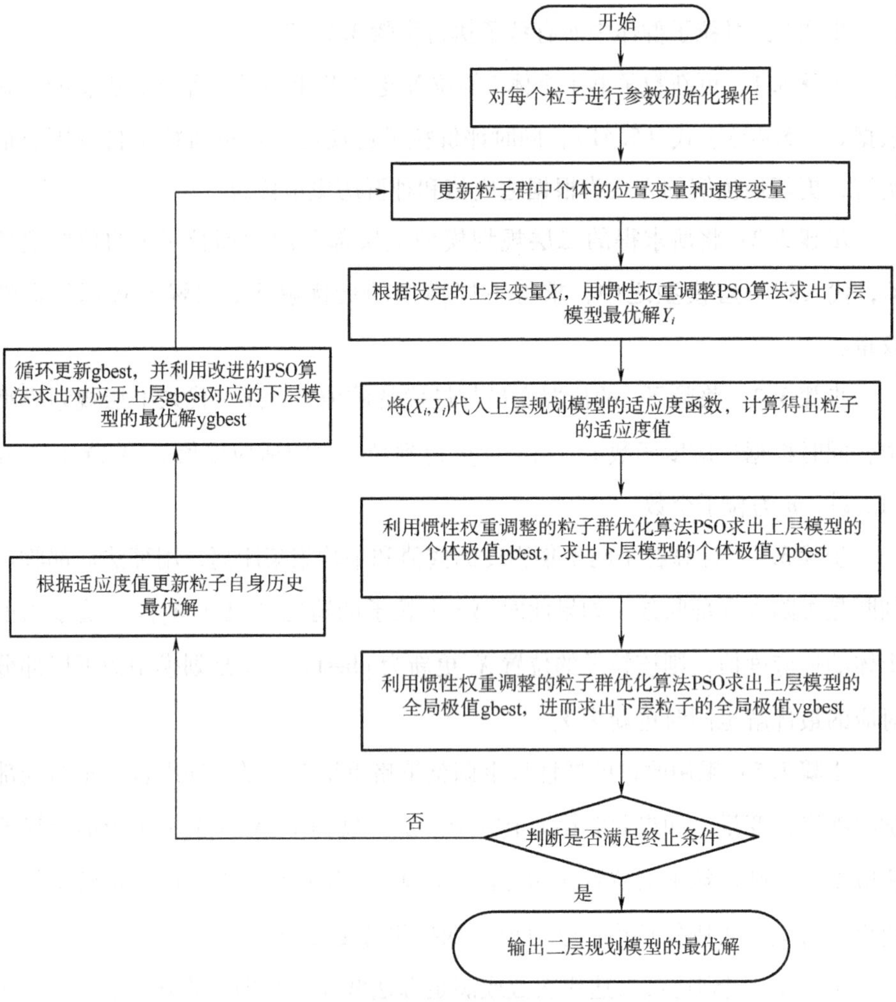

图 5.24　基于惯性权重策略的二层规划 BLOPSO 算法流程图

在算法的健壮性方面，BLOPSO 算法具有较好的表现，该算法能够发现很多可行解，并且这些可行解具有相同的上层规划目标函数值。但是下层规划目标函数值却各不相同，其原因就是，下层模型的决策变量决定上层模型的目标函数值，而上层目标函数值只会对下层规划目标函数值有影响，在可行解中具有相同的下层决策变量值。从建模者的角度来说，如果实际的数学模型是二层规划问题，建模者期望求得的最终解是二层规划问题的最优解。如果在附加某些条件的情况下无法满足最优解，转而求其满足条件的次优解，其层次递阶结构体现在上层的权利大于下层，下层服从上层。

5.6　本章小结

本章首先介绍了二层规划理论和相关模型求解算法，构成解决二层随机规划问题的理论基础。然后构建了基于二层规划理论的信息化升级投资资源分配模型，该模型在上层规划中，选择企业集团在信息化升级投资中追求的整体效益最大化为全局目标，以上层企业集团对下层子企业的资金投资数额作为上层决策变量，再由该变量对下层规划进行约束；在下层规划中以各子企业在信息化投资中的投资风险最小化为目标，再考虑各子企业信息化升级成本等因素求解出最优的投资项目组合，以满足上述约束，随后将结果反馈到上层，由上层进行权衡，做出整体规划，进而得出最终的决策结果。最后，研究和改进了粒子群算法，为了避开在处理复杂函数时粒子群优化算法经常出现的缺陷，并将其应用到二层规划问题的上下两层求解过程中，提出了一种通用的求解二层规划模型问题的 BLOPSO 算法。该算法没有借助任何的假设条件，也没有对目标函数和约束条件进行转换处理，还没有依赖具体的二层规划模型，这个算法在求解二层规划模型时具有较强的通用性。

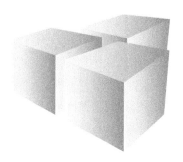

6　企业信息化投资决策的案例研究

6.1 问卷调查背景介绍

本章的研究内容是基于第5章的研究，通过问卷调查收集数据，采用多元非线性函数拟合得到相应的效用函数，通过建立二层规划模型进行求解。鉴于对不同企业的历史数据进行全面收集的实施过程存在很大困难，所以选择大致相同规模、某特定行业企业（如纺织业），利用非线性回归的方法，找到这些企业共同的效益函数。由于制造业和信息化的关联非常密切，并且从过往实际的经验来分析，信息化可以给制造业提供较大的价值和较快的收入增长，在本章中将调查问卷对象确定为制造企业。但在制造业中，行业分类是非常细致复杂的，很难得出制造业在不同分类情况下的效益函数形式相似这样的结论，所以必须在制造业这个大的范围下，选择范围缩小的子行业。对于这些相同的子行业，由于业务类似，生产出的产品也具有相似性，面向市场的相同接触率也就越大，在面向市场时也具有类似的效益函数形式。通过查阅大量文献数据可知，在制造业中，以下10个行业在信息化投资这个领域的研究较多，证明了信息化投资与这10个产业可能存在很大的关联度，也就是说在这10个行业中，信息化投资的应用可能比较广泛。这10个行业是纺织业、汽车制造业、医药制造业、专用设备制造业、食品制造业、化学纤维制造业、通用设备制造业、非金属矿物制品业、家具制造业、金属制品业。在选择好这些特定的细分子行业后，还需要考虑企业的规模对效益函数的影响，不同规模企业的效益函数也会存在较大的差异。为此，对于同一细分的行业，只有公司规模的大小大致相同，才可以把它们放在一起进行分析与比较，才可能得出比较相似的效益函数。至于规模的判断标准，需要通过问卷调查才能得出。从收集回来的问卷中，发现将营业收入作为衡量规模的标准是比较直观和恰当的。

在本章中将收集到的所有数据按细分之后的行业与企业规模这两个维度进行划分，企业规模以营业收入为标准进行划分，将细分后的行业再按照以上10个行业进行划分。以营业收入为标准的企业规模可以从收入在100万～

1 000 万元、1 000 万 ~1 亿元、1 亿 ~10 亿元这三个区间进行衡量。而对于一个细分的特定行业或公司，需要根据前一章中提出的效益函数的形式，利用 R 软件进行非线性回归分析，得出相应的效益函数。

随着经济全球化的不断深入和市场经济的进一步发展，收购、兼并、重组、成立一个新的子公司等形式在国内越来越受推崇，甚至许多国内企业为了走出国门，做出跨国并购的重大举措。然而由于合并，子公司的业务模式、主要面对的市场可能都已根据母公司的战略调整进行了调整。在这个时候利用子公司的历史数据进行回归分析是不合理的，得到的效益函数可能是错误的，所以为了操作简单并且让得出的结论具有合理性，需要在市场中选择的企业与所研究的行业属于同一行业，并且所选择公司的规模还应该相似。

为了探究出企业信息化投资在实际应用中的意义，在本章中虚拟出一个集团公司 A，该公司是通过收购、并购、兼并、重组、设立新的子公司等方式建立起来的。但是由于该公司成立的时间比较晚，且子公司的业务模式以及注重的目标市场的变化比较大，因此很难找出母公司与子公司的目标函数。为此，需要采用上文所述的利用 R 软件得到相应的效益函数，并设置一定的约束条件来构建一个二层规划模型，把公司的销售收入最大化作为第一目标，同时也要到考虑到子公司的利益。利用这种方式，对这个虚拟的新集团公司的信息化资本配置做出相应的指导。

问卷调查主要邀请各企业信息部门的领导及更高层的领导负责人来填写问卷。采取网上问卷调查的方式，大大提高了收集效率，并在一定程度上保证了各企业的多样性特点，使得效益函数具有更强的通用性。该问卷调查涉及的问题主要包括企业名称、企业的基础业务、营业收入、软件成本、员工信息技能培训成本、硬件成本、信息化水平、资产规模、员工数量和市场份额等，其中，企业的基础业务在市场中的收入总额需按照营业收入与市场份额的比值来确定。

开展问卷调查的主要目的是收集这些企业在信息化方面所做出的投资，以及现在已完成的初步目标。问卷的发放日期是 2015 年 1 月 15 日，截止日期为 2015 年 2 月 17 日，预期收集调查问卷 350 份，实际收集调查问卷 374 份，达到了预期的目标。在收集问卷的过程中，由于初期在问卷的问题设计中加入了很多逻辑关联条件，回收问卷后花了很多时间清除不符合逻辑关联或者填写存在明显错误以致不能采纳的调查问卷。

由于问卷的发放面向全国各个省份，收集回来的数据基本上能反映全国各省的情况。图 6.1 反映的就是各省回收回来的有效问卷比例。

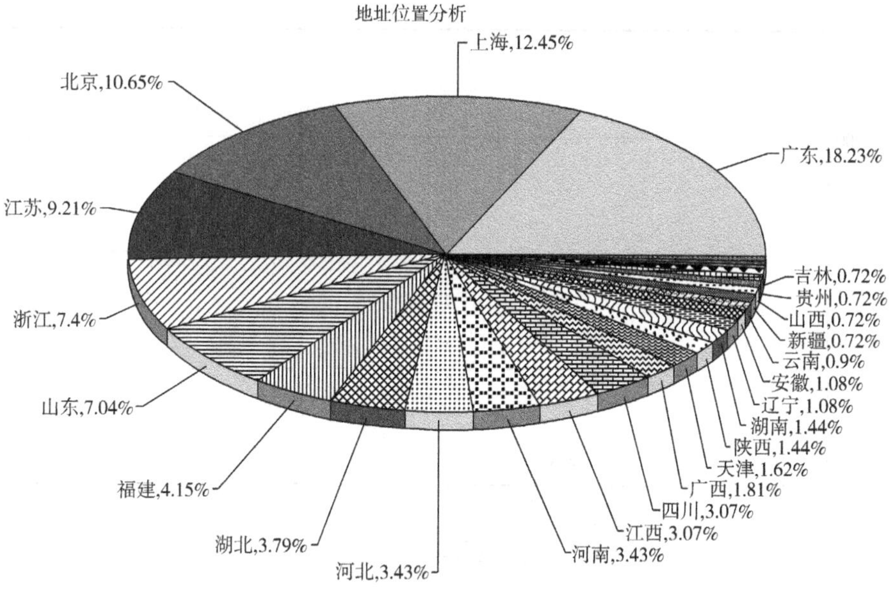

图 6.1　有效问卷来源

纺织行业回收 33 份有效问卷，汽车制造业回收 29 份有效问卷，医药制造业回收 43 份有效问卷，专用设备制造业回收 72 份有效问卷，食品制造业回收 35 份有效问卷，家具制造业回收 35 份有效问卷，金属制品业回收 47 份有效问卷，通用设备制造业回收 46 份有效问卷，非金属矿物制品业回收 15 份有效问卷，化纤行业回收 19 份有效问卷。

我们将问卷调查结果用折线图反映出来。如图 6.2 所示，可以看到汽车制造业、医药制造业、通用设备制造业的信息化水平是比较高的，这与人们的客观认识比较相符，因为这几个行业都是制造精密高端产品的制造业，复杂细致的生产制造活动对信息化水平要求较高。对这些企业而言，信息化水平的高低会对企业本身产生至关重要的影响。从图 6.2 还可以看出，食品制造业、家具制造业的信息化水平比较低，这其实也和预测的相一致，因为就国内情况来看，这两个行业中的公司大多规模较小，而对于一个小公司而言，引进那些成本在几百万甚至几千万的管理信息系统，既没有必要，自己的经济实力也不允许。因此，这些行业的信息化水平还处于相对落后状态。

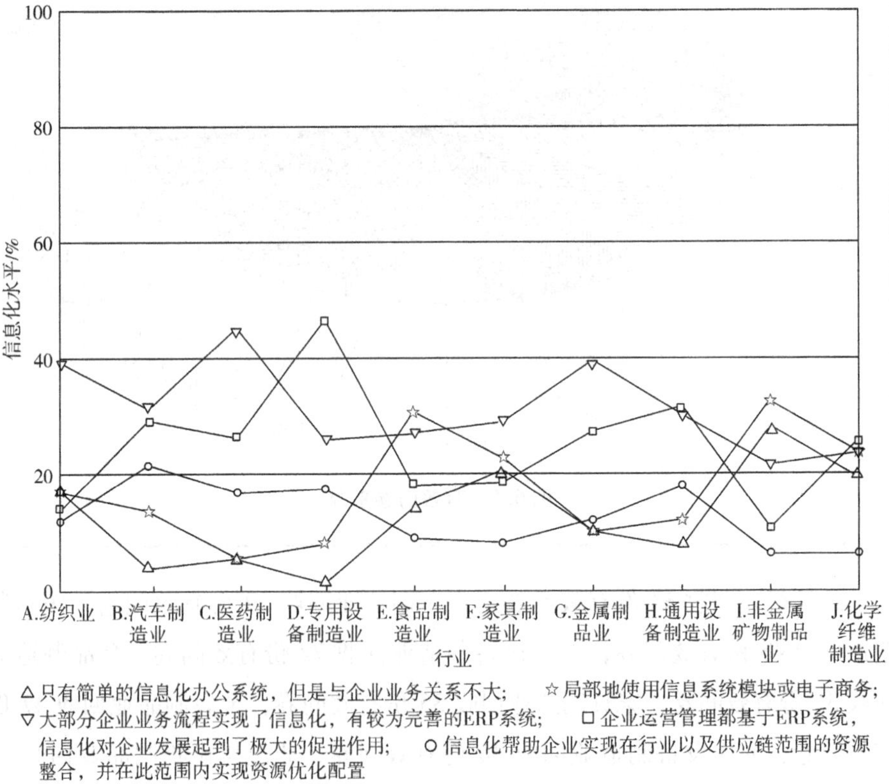

图 6.2　10 个行业的企业信息化管理水平

6.2 A公司介绍及二层规划模型建立

A公司是虚拟的一个集团母公司，它通过兼并、收购、重组、新建立子公司等方式成立了三个全资子公司。这三个子公司分别是A1（100万~1 000万元规模的纺织行业公司）、A2（1 000万~1亿元规模的专用设备制造业公司）、A3（1亿~10亿元规模的食品制造业公司）。尽管由于种种原因很难获得这些附属公司的效益函数，但母公司A仍希望科学合理地分配信息化投资资金，来使公司的整体销售收入达到最大。

首先，需要求出上述子公司的效益函数，采用非线性回归方法计算效益函数。具体的操作需要利用R统计语言包工具和NlS非线性回归建模函数功能。参考并借鉴国家自然科学基金《信息化升级投资的选择取向及资源配置：以EICMM研究为基础》的结项报告中提到的效益函数的具体形式，并在此基础上，加入对变量和参数变化的考虑，确定了下面的效益函数形式：

$$F_i(x^{(i)},y_1^{(i)},y_2^{(i)},y_3^{(i)},z^{(i)}) = [A_i + B_i(x^{(i)})^{\frac{1}{3}} + C_i(z^{(i)})^{\frac{1}{3}} + D_i(y_1^{(i)} + y_2^{(i)})^{0.75}(y_3^{(i)})^{0.25}]^{\beta} \tag{6.1}$$

式（6.1）中的A_i、B_i、C_i、D_i是需要通过拟合得到的，而β则是需要提前确定的，否则就不能根据非线性拟合方法进行拟合。得到的该效益函数在形式上参考了柯布—道格拉斯生产函数的一般原则，将人员信息化培训成本和软件成本定义为劳动投入，规定劳动产出的弹性系数为0.75，同时又将硬件成本定义为资本投资，规定资本产出的弹性系数0.25。在该函数式中，还考虑到了整体的信息化投入和总的细分市场规模的影响，因此得出的函数式具有一定的科学合理性。β的确定，要在拟合时根据具体的数据而定，而不是单一常量。

子公司A1的效益函数为：

$$F_1(x^{(1)},y_1^{(1)},y_2^{(1)},y_3^{(1)},z^{(1)}) = [-1\,952.43 + 940.51 \times (x^{(1)})^{\frac{1}{3}} + 23.18 \times (z^{(1)})^{\frac{1}{3}} - 20.73 \times (y_1^{(1)} + y_2^{(1)})^{0.75} \times (y_3^{(1)})^{0.25}]^{\frac{9}{10}} \tag{6.2}$$

子公司 A2 的效益函数为：

$$F_2(x^{(2)},y_1^{(2)},y_2^{(2)},y_3^{(2)},z^{(2)}) = [8\,003.16 - 1\,638.52 \times (x^{(2)})^{\frac{1}{3}} + 308.80 \times (z^{(2)})^{\frac{1}{3}} + 30.17 \times (y_1^{(2)} + y_2^{(2)})^{0.75} \times (y_3^{(2)})^{0.25}]^{\frac{9}{10}} \quad (6.3)$$

子公司 A3 的效益函数为：

$$F_3(x^{(3)},y_1^{(3)},y_2^{(3)},y_3^{(3)},z^{(3)}) = [20\,446.86 - 11\,355.85 \times (x^{(3)})^{\frac{1}{3}} + 1\,962.22 \times (z^{(3)})^{\frac{1}{3}} + 97.91 \times (y_1^{(3)} + y_2^{(3)})^{0.75} \times (y_3^{(3)})^{0.25}]^{\frac{9}{10}} \quad (6.4)$$

信息化资金预测如表 6.1 所示。该预测表主要是由子公司的行业特点、规模大小以及母公司计划在信息化方面建设的总投入量等因素共同决定的。表 6.1 是考虑到上述的这些因素以及通过比较收回的调查问卷中的相关数据，经过全面考虑才确定的数据，而非随意确定的。这里需要注意的是，子公司各项费用的下限或上限之和等于子公司信息化总费用的下限或上限。子公司

表 6.1　信息化资金预测表

单位：万元

项　目		下限	上限
集团公司	信息化资金总数	1 300	1 500
纺织业子公司	信息化总费用	300	390
	软件费用	120	150
	信息化技能培训费用	100	130
	硬件费用	80	110
专用设备制造业子公司	信息化总费用	400	490
	软件费用	200	230
	信息化技能培训费用	150	180
	硬件费用	50	80
食品制造业子公司	信息化总费用	600	730
	软件费用	213	253
	信息化技能培训费用	224	264
	硬件费用	163	213

信息化总费用的下限之和等于集团公司信息化费用的下限，但子公司信息化总费用的上限之和大于集团公司的信息化费用的上限，所以上下限约束条件有不同的限制，也进一步增加了二层规划设计的难度。本书决定采用二层规划模型来研究最优分配方案，以实现销售收入最大化的目的。

此外，还需要知道该公司下一年度的细分市场总规模，可以用上一年度的平均值来确定。根据上一年度的平均值可知，A1 公司的细分市场规模是 13 320 万元，A2 公司的细分市场规模为 38 932 万元，A3 公司的细分市场规模是 148 426 万元。利用上一年度的平均值作为下一年度的预测值，意味着企业的细分市场规模变化不是很大，事实上这也符合人们的一般了解。除非是需求量被外界因素影响而产生大幅度波动，否则细分市场的规模变化不会很大。

下面是通过上节效益函数库得到的相应子公司的效益函数。

A1：

$$F_1(x^{(1)},y_1^{(1)},y_2^{(1)},y_3^{(1)},z^{(1)}) = [-1\,952.43+940.51\times(x^{(1)})^{\frac{1}{3}}+23.18\times(13\,320)^{\frac{1}{3}}-20.73\times(y_1^{(1)}+y_2^{(1)})^{0.75}\times(y_3^{(1)})^{0.25}]^{\frac{9}{10}} \tag{6.5}$$

A2：

$$F_2(x^{(2)},y_1^{(2)},y_2^{(2)},y_3^{(2)},z^{(2)}) = [8\,003.16-1\,638.52\times(x^{(2)})^{\frac{1}{3}}+308.80\times(38\,932)^{\frac{1}{3}}+30.17\times(y_1^{(2)}+y_2^{(2)})^{0.75}\times(y_3^{(2)})^{0.25}]^{\frac{9}{10}} \tag{6.6}$$

A3：

$$F_3(x^{(3)},y_1^{(3)},y_2^{(3)},y_3^{(3)},z^{(3)}) = [20\,446.86-11\,355.85\times(x^{(3)})^{\frac{1}{3}}+1\,962.22\times(148\,426)^{\frac{1}{3}}+97.91\times(y_1^{(3)}+y_2^{(3)})^{0.75}\times(y_3^{(3)})^{0.25}]^{\frac{9}{10}} \tag{6.7}$$

因此，二层规划模型的上层模型为：

$$\max F = \sum_{i=1}^{3} F_i(x^{(i)},z^{(i)},y_1^{(i)},y_2^{(i)},y_3^{(i)}) \tag{6.8}$$

$$\text{s. t.}\quad 1\,300 \leqslant \sum_{i=1}^{3} x^{(i)} \leqslant 1\,500$$

$$300 \leqslant x^{(1)} \leqslant 390$$

$$400 \leqslant x^{(2)} \leqslant 490$$

$$600 \leqslant x^{(3)} \leqslant 730$$

其中，$z^{(1)} = 13\,320$，$z^{(2)} = 38\,932$，$z^{(3)} = 148\,426$。

下层规划模型如下。

$$\max F_1 = [-1\,952.43 + 940.51 \times (x^{(1)})^{\frac{1}{3}} + 23.18 \times (13\,320)^{\frac{1}{3}} - 20.73 \times (y_1{}^{(1)} + y_2{}^{(1)})^{0.75} \times (y_3{}^{(1)})^{0.25}]^{\frac{9}{10}} \tag{6.9}$$

$$120 \leqslant y_1^{(1)} \leqslant 150$$

$$100 \leqslant y_2^{(1)} \leqslant 130$$

$$80 \leqslant y_3^{(1)} \leqslant 110$$

$$y_1^{(1)} + y_2^{(1)} + y_3^{(1)} \leqslant x^{(1)}$$

$$\max F_2 = [8\,003.16 - 1\,638.52 \times (x^{(2)})^{\frac{1}{3}} + 308.80 \times (38\,932)^{\frac{1}{3}} + 30.17 \times (y_1^{(2)} + y_2^{(2)})^{0.75} \times (y_3^{(2)})^{0.25}]^{\frac{9}{10}} \tag{6.10}$$

$$200 \leqslant y_1^{(2)} \leqslant 230$$

$$150 \leqslant y_2^{(2)} \leqslant 180$$

$$50 \leqslant y_3^{(2)} \leqslant 80$$

$$y_1^{(2)} + y_2^{(2)} + y_3^{(2)} \leqslant x^{(2)}$$

$$\max F_3 = [20\,446.86 - 11\,355.85 \times (x^{(3)})^{\frac{1}{3}} + 1\,962.22 \times (148\,426)^{\frac{1}{3}} + 97.91 \times (y_1^{(3)} + y_2^{(3)})^{0.75} \times (y_3^{(3)})^{0.25}]^{\frac{9}{10}} \tag{6.11}$$

$$213 \leqslant y_1^{(3)} \leqslant 253$$

$$224 \leqslant y_2^{(3)} \leqslant 264$$

$$163 \leqslant y_3^{(3)} \leqslant 213$$

$$y_1^{(3)} + y_2^{(3)} + y_3^{(3)} \leqslant x^{(3)}$$

6.3　二层规划模型求解

在本章中采用基于改进粒子群优化算法的惯性权重来求解二层规划模型。该二层规划模型的第一个目标是当整个集团的销售收入最大时，所属集团的子公司销售收入达到最大。在这个约束条件下，衡量二层规划是否达到最优值，就是看多次迭代后 F 值是否会变化，如果在一定步数后 F 值趋于稳定，就可以说明该模型接近最优值了。

下面将迭代步数规定为500、1 000、5 000和10 000，在这4种不同情况下，F 的变化结果如图6.3至图6.6所示，对应分析表如表6.2所示。

在500次时，图6.3为 F^* 的散点图。

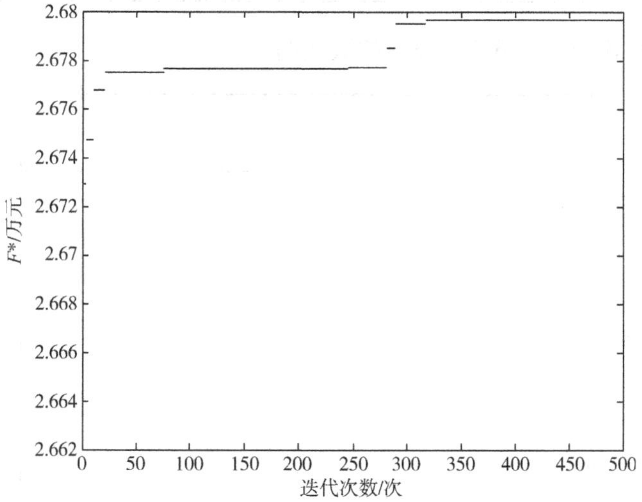

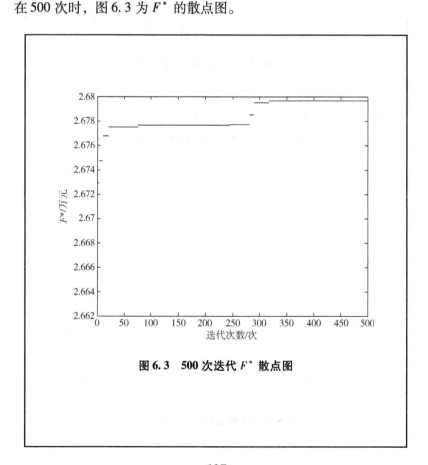

图6.3　500次迭代 F^* 散点图

在 1 000 次时，图 6.4 为 F^* 的散点图。

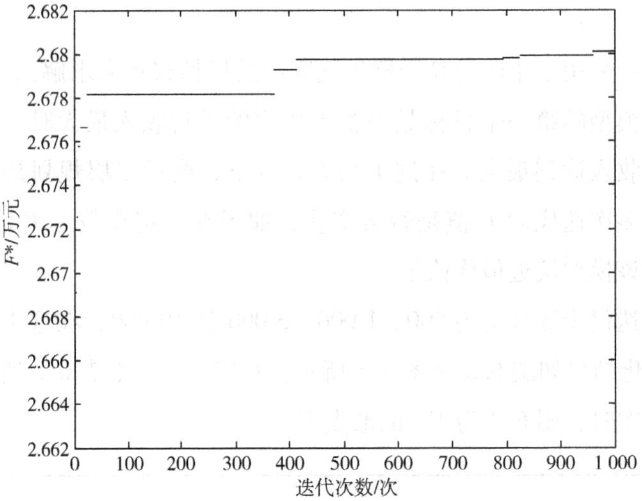

图 6.4　1 000 次迭代 F^* 散点图

在 5 000 次时，图 6.5 为 F^* 的散点图。

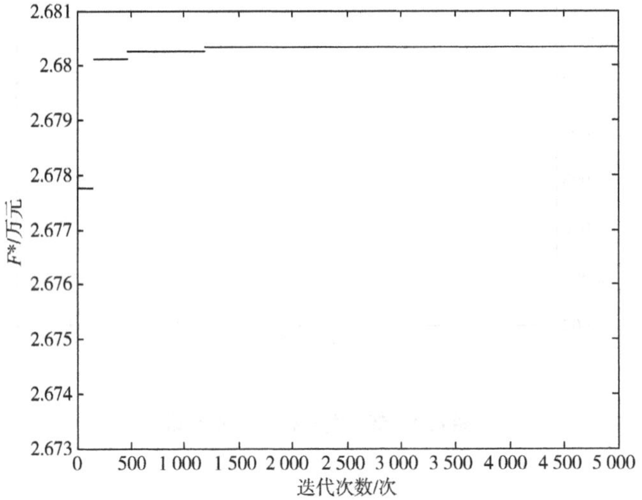

图 6.5　5 000 次迭代 F^* 散点图

在 10 000 次时，图 6.6 为 F^* 的散点图。

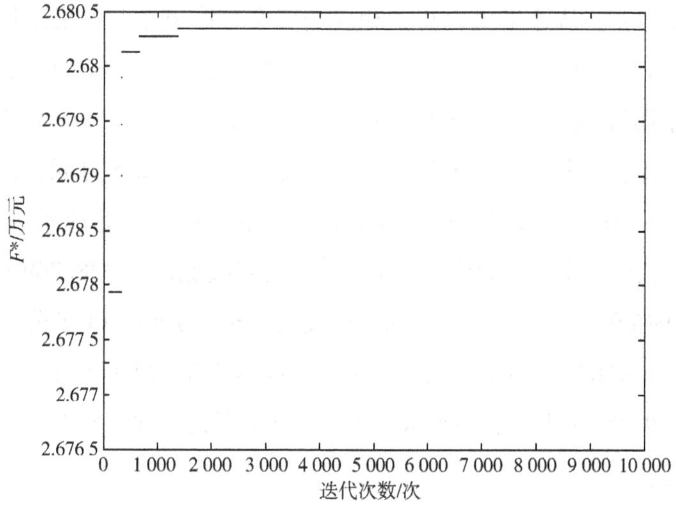

图 6.6　10 000 次迭代 F^* 散点图

表 6.2　迭代次数为 500 ~ 10 000 次时上层的最优解

单位：元

	F^*	$x^{(1)*}$	$x^{(2)*}$	$x^{(3)*}$
500	26 796	389.923 7	486.590 6	620.317 5
1 000	26 801	386.776 7	489.288 6	623.861 4
5 000	26 803	389.980 4	488.117 8	621.490 5
10 000	26 803	389.980 4	488.117 8	621.490 5

在 10 000 次时，相应的下层的最优解如表 6.3 所示。

表 6.3　迭代次数为 10 000 次时下层的最优解

单位：元

	F_i^*	$y_1^{(i)*}$	$y_2^{(i)*}$	$y_3^{(i)*}$
企业 A1，$i=1$	904	120.035 1	100.000 0	80.002 6
企业 A2，$i=2$	5 306	229.293 7	178.869 9	79.946 9
企业 A3，$i=3$	20 594	218.727 1	239.757 7	163.005 7

从以上计算分析中可以发现，四种不同迭代次数，到最后最优值基本上是稳定在同样的数值上，但在 10 000 次时，求出的最大值已和 500 次时稳定后的值相差不多。从这里可以得到相应的资金分配方案，A 集团用于信息化的总成本是 1 499. 588 7 万元，而将会得到的销售收入为 26 804 万元；A1 子公司从 A 集团得到的信息化成本为 389. 980 4 万元，其中软件成本是 120. 035 1 万元，信息技能培训费是 100 万元，硬件成本是 80. 002 6 万元，而将会得到的销售收入为 904 万元；A2 子公司从 A 集团获得的信息化成本为 488. 117 8 万元，其中软件成本 229. 293 7 万元，信息技术技能成本 178. 869 9 万元，硬件成本 79. 946 9 万元，而将会得到销售收入 5 306 万元；A3 子公司从 A 集团获得信息化成本 621. 490 5 万元，其中软件成本 218. 727 1 万元，信息化技能培训成本 239. 757 7 万元，硬件成本 163. 005 7 万元，此后将会得到销售收入 20 594 万元。

以上是针对二层规划模型得到的最优分配方案。

6.4 分析和总结

通过计算结果，得到以下结论。

第一，在预算集团公司的信息化水平时，尽可能接近上限，这表明信息化投入可以对提高公司的收入起到正面影响效应，即在正常情况下，信息化投入越多，企业的营业收入越多，因而获得的收益更大。但是对于投入产出比是如何变化的，还需要进一步探究，可以作为今后的一个研究方向。

第二，通过图表的呈现，发现子公司信息化预算的结果更偏向 A1 和 A2，这证明了从全局的角度来看，优先把钱投放到 A1 和 A2 可以给整个公司带来更高的营业收入。如果从行业性质和规模这两方面进行考虑和分析，就会发现导致这一现象的深层次原因可以分为两个，即从企业规模方面看，规模越小的企业，其投入产出比越大；从行业属性方面来看，纺织业和专用设备制造业等更依赖信息化投资。因此，这两个行业的投入产出比更高。

第三，在 A1 的情况下，企业的三项信息化投入更接近下限，可能是因为规模较小，导致前期信息化投入较少，所以信息投入将不会带来太多的收入增长。相反对于中等规模的企业，由于前期的信息化投入相比小型企业更多，软件和硬件的建设也相对比较完整，信息化投资的投入产出比相对比较高。

第四，在 A2 的情况下，企业的各项信息化投入都更接近上限，这表明从集团公司的角度看，优先满足 A2 的信息化投资需求，有利于公司整体的营业收入增长。

第五，在 A3 的情况下，企业的硬件成本更接近下限，这表明简单的硬件已经无法为企业带来更多的收益。因此，在 A3 的情况下，大型食品企业应该更加注重员工的信息化技能培训和企业软件系统的升级和改造，才能更好地增加企业的营业收入。

6.5 本章小结

本章首先介绍了调查问卷的研究背景，并对调查问卷收集的数据进行了分析和归纳，简要地研究了各行业的特点；然后虚拟了一个集团公司 A，使用第 5 章中构建的二层规划模型建立了针对 A 公司的模型；最后求解出该二层规划模型的近似最优解，证实该算法的有效性。实证结果表明，该二层规划模型可以有效地解决企业信息化投资资金分配的问题，为同类企业的投资决策提供重要的参考和意见，并为企业进行信息化投资提供一个有据可循的科学决策过程。在实证过程中还发现，该二层规划模型的适用范围不是仅局限于企业集团—子公司这种模式，对于政府对企业的信息化资金支持、一个企业对企业内部各部门信息化资金分配等情况，均可使用该模型设定目标函数和约束条件，求解最优解而达到指导投资资金分配的目的。

7 结论与展望

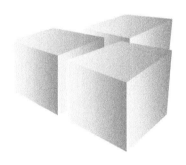

7.1 结论

本书依托国家自然科学基金项目《信息化升级投资的选择取向及资源分配：以 EICMM 研究为基础》，在对企业信息化投资相关领域的国内外学术界现有研究论文、学术资料进行充分吸纳和借鉴的基础上，构建了企业集团间信息化投资竞争模型、企业信息化投资时间决策模型和企业信息化投资分配模型，形成企业信息化投资决策的框架。通过上述研究工作，较为系统地解决了企业信息化投资决策问题，不仅考虑了企业内部的信息化投资问题，而且也考虑到了企业之间信息化投资竞争的情形。这样的分析框架更为系统和完整，不仅具有较好的理论价值，而且具有一定的实际应用意义。

通过对国内外相关文献资料的收集和整理，理顺了企业信息化这一概念及其发展状况，并对我国企业信息化进程进行了较为系统的梳理；除此之外，还对信息化投资的研究历史和现状进行了分析总结。通过对期权博弈理论的梳理和归纳，发现其比较适合应用于信息化投资领域。以上相关文献综述和现状分析可以了解信息化投资决策实现过程中各类影响因素与中间环节，理清现有理论形成的脉络，掌握理论发展的趋势，为搭建企业信息化投资决策的框架与模型奠定了理论基础。

基于期权博弈理论提出了企业集团间信息化投资竞争模型。在模型构建过程中，运用离散模型评估项目期权价值的方法，并引入伊藤引理及随机过程分析该项目的实物期权；假设随机市场需求冲击服从几何布朗运动，并考虑到有积极影响的突发事件对需求的作用，提出带正向跳跃的几何布朗运动模型；用数值模拟的方法得到了公司的最优投资策略，为处于竞争的企业集团间是否进行信息化投资决策提供参考。

采用分量回归的分析方法构建企业信息化投资时间决策模型。为给企业信息化升级投资决策提供一个合理的投资升级时间域，从信息化绩效评估的角度出发，建立基于分位数回归模型的时间域选择模型。本模型将信息化投资的不确定性和波动性以及信息化投资收益的隐含性、无形性和多样性都纳入考虑的范围，提出以专家审核的方式降低绩效水平评估中非信息化因素的影响，提高模型与信息化之间的相关性。同时，考虑到不同信息化能力成熟度等级存在不同的最适升级投资时间域，以 EICMM 和分位数回归理论作为研究基础，对模型进行了改进。与传统的方法和前人的研究成果进行比较，所建立的企业信息化升级时间域选择模型具有战略意义，可以更加准确地为企业带来商业价值。

构建了企业信息化投资分配的二层规划模型。随着产业融合的加深、经济全球化的持续进行，企业集团现在越来越成为现代企业的重要组织形式，企业集团公司下面会设置多个子公司。在进行信息化升级投资时，企业集团总部通常会为子公司指定资金预算，并且期望投入的信息化资金能得到集团公司的整体最大收益。就子公司而言，它只能在母公司规定的预算区间内，尽量争取自己的最大收益，也就是说企业信息化投资中的资源分配往往是一个二层决策问题，因此提出了二层投资资源分配模型。在该模型中，上层公司以集团整体的销售收入最大化作为目标，下层公司以自身的销售收入最大化作为目标，并且在上下层博弈过程中，应该以上层公司的销售收入最大值为第一目标，但与此同时，必须在此范围内能够使下层公司的销售收入实现最大化。

提出改进的粒子群算法。针对二层规划模型的特点，基于基本粒子群算法和惯性权重改进策略的思想，提出一种求解该类优化问题的二层目标粒子群优化算法。为了避免在处理复杂函数时粒子群优化算法经常出现搜索速度慢、容易陷入局部极值等问题的发生，提出了惯性权重调整的粒子群优化算法，通过实验仿真进行分析，并将其应用到二层规划问题的上下两层求解过程中，提出一种通用的求解二层规划模型问题的 BLOPSO 算法。本算法不需要借助任何的假设条件，也不需要对目标函数和约束条件进行转换处理，不依赖于具体的二层规划模型，是一种通用的求解二层规划模型的算法。

本书系统地构建了企业信息化投资决策的框架与模型。首先，企业可以通过企业间信息化投资竞争模型分析解决是否需要进行信息化投资的问题；其次，运用企业信息化投资时间决策模型解决何时进行信息化投资的问题；

最后，使用企业信息化投资分配模型解决企业集团（企业集团是现代企业的高级组织形式）内如何进行资源分配的问题。

7.2 主要创新点

本书的主要创新点如下。

第一，基于期权博弈理论提出了企业间信息化投资竞争模型。在模型构建过程中，假设随机市场需求冲击服从几何布朗运动，并考虑到了有正面效用的突发事件对需求的影响，提出了带正向跳跃的几何布朗运动模型，进而使得所构建的企业间信息化投资竞争模型更贴近实际。

第二，采用分量回归的分析方式研究企业信息化升级问题。在传统的绩效评估模型中加入时间变量，分别建立平均收益、平均成本与时间的回归分析模型，进一步将两个回归模型进行综合分析，最终解决信息化升级投资时间区间的选择问题。

第三，提出二层投资资源分配模型。该模型反映信息化投资决策模式在结构上具有递阶层次结构的特征，所建立的模型在理论上更符合实际、更合理、更可信，从而为该问题的研究提供新的思考角度。

第四，提出二层目标粒子群优化算法。该算法针对二层规划模型的特点，基于基本粒子群算法和惯性权重改进策略的思想，在算法中，上层多目标优化过程中嵌入一个为其求得可行搜索空间的下层多目标优化，通过惯性权重调整的上下两个粒子群优化算法之间的交互迭代，可以获得理想的近似全局最优解，进而反映了二层规划问题的决策过程。BLOPSO 算法对二层规划模型无依赖性，可以对特殊类型的二层规划问题进行求解，其提供了求解复杂二层规划问题的通用框架，具有普遍性和适用性，从而可以获得高质量的全局最优解。

7.3 展望

企业信息化升级投资是一项非常复杂的系统工程，涉及企业的方方面面，由于客观条件的限制，本书在某些方面的研究并没有深入下去。通过上述的总结，后续研究者可以在以下几个方面进行更深入的研究。

第一，由于调查问卷设计的不足、某些数据不准确和数据采集困难等原因，采集的数据相对集中在某些行业。后续研究者在进行更深入的研究时，可以采集更多的数据，这样就可以对企业信息化投资分配展开全景式的研究，使得构建的模型更有普适性和实用性。如果要针对某单一企业进行研究，可采集该企业历年的数据，这样更容易找出该企业的规律，更好地指导该企业信息化升级投资分配。也可以对几个企业集团进行系统的调研，从而更好地确定约束条件，这样研究得到的学术成果会有更强的实际应用价值。

第二，本书将期权博弈理论应用到企业集团间信息化投资竞争领域，鉴于实际数据与问题的复杂性，无法进行更具体的定量研究，后续研究者在此部分可以进行更深入的研究。

第三，本书在构建企业信息化投资分配二层规划模型时，由于时间和条件的限制，为了简化模型，将企业利用信息化资金的方式分为三类：第一类为软件费用具体包括采购费用和维护费用；第二类为硬件费用同样也包括采购和硬件的维护费用；第三类为人员技能培训费用，这些技能主要包括与信息化的相关技能。企业信息化投入的分类不够细致，后续研究者可以将此分类进一步细化，这样建立的信息化投资分配模型更具有实用价值，可以对企业的信息化投资的具体操作过程提供更强的指导。

第四，本书使用了改进的粒子群算法，该算法可以比较高效地求解二层规划问题，但没有进行与 GA 及 DE 等智能算法的比较研究，后续研究者可以继续进行算法的比对研究，寻找更适合、更具普遍性、更高效的算法来求解多层规划问题。

附 录

企业信息化投资情况调查问卷

您好！我们是首都经济贸易大学信息学院课题组，目前正在开展企业信息化投资资金分配与营业收入关系问题的研究，现需要进行一次问卷调查，希望能够得到贵公司的支持。本次调查的数据仅用于学术研究，本课题组承诺对贵公司的此次调查的所有信息严格保密。感谢您的配合与支持！

样本要求：公司应处于第4题所规定的特定行业。

问卷说明：总共需要350份有效且完整的返回样本，发放调查问卷时，尽量按行业平均发放调查问卷，保证每个行业的有效返回样本数在30个以上（共10个行业）。

1. 您接受调查的时间是________年________月________日。

2. 您所在的企业名称是________________________________。

3. 您所在的企业是否有子公司？

是__________ 否__________

4. 企业所在的行业（只能选择一项）

A. 纺织业

B. 汽车制造业

C. 医药制造业

D. 专用设备制造业

E. 食品制造业

F. 家具制造业

G. 金属制品业

H. 通用设备制造业

I. 非金属矿物制品业

J. 化学纤维制造业

5. 企业 2014 年营业收入（单位为万元）约为？请在下划线内填写。

____

6. 企业 2014 年软件费用（单位为万元）约为？请在下划线内填写。

____

7. 企业 2014 年人员信息化培训费用（单位为万元）约为？请在下划线内填写。

____

8. 企业 2014 年计算机硬件费用（单位为万元）约为？请在下划线内填写。

____

9. 企业 2014 年信息化所达到的水平：

A. 只有简单的信息化办公系统，但是与企业业务关系不大

B. 局部地使用信息系统模块或电子商务

C. 大部分企业业务流程实现了信息化，有较为完善的 ERP 系统

D. 企业运营管理都基于 ERP 系统，信息化对企业发展起到了极大的促进作用

E. 信息化帮助企业实现在行业以及供应链范围的资源整合，并在此范围内实现资源优化配置

10. 企业 2014 年资产规模（单位为万元）约为？请在下划线内填写。

____

11. 企业 2014 年的员工人数约为？请在下划线内填写。

____

12. 2014 年，企业所在的细分市场需求总额（单位为万元）约为？请在下划线内填写。

____

参考文献

[1] Dean J. Capital budgeting: top - management policy on plant, equipment and product development [M]. New York City: Columbia University Press, 1969.

[2] Markowitz H. Portfolio selection [J]. The Journal of Finance, 1952, 7 (1): 77 -91.

[3] Cassidy R G, Kirby M J L, Raike W M. Efficient distribution of resources through three levels of government [J]. Management Science, 1971, 17 (8): 462 -473.

[4] Bracken J, McGill J T. Mathematical programs with optimization problems in the constraints [J]. Operations Research, 1973, 21 (1): 37 -44.

[5] Nolan R L. Managing the computer resource: a stage hypothesis [J]. Communications of the ACM, 1973, 16 (7): 399 -405.

[6] Candler W, Norton R. Multi - level programming and development policy [M]. The World Bank, 1977.

[7] Aigner D, Lovell C A K, Schmidt P. Formulation and estimation of stochastic frontier production function models [J]. Journal of Econometrics, 1977, 6 (1): 21 -37.

[8] Kauffman R M, Read T T, Zettl A. The deficiency index problem for powers of ordinary differential expressions [J]. Lecture Notes in Mathematics, 1977, 621 (5): 383 -383.

[9] Stewart, Myers. The Company's Financial Principle [M]. USA: Stewart Myers, 1977.

[10] Lee Y B, Kauffman R G, DeVenecia G. The incorporation of 2 - [14 C] glycine into porcine lens protein [J]. Experimental Eye Research, 1977, 25 (6): 621 -629.

[11] Oliver R L. A cognitive model of the antecedents and consequences of satisfaction decisions [J]. Journal of Marketing Research, 1980: 460 -469.

[12] Shimizu T, Morioka N. On the bifurcation of a symmetric limit cycle to an asymmetric one in a simple model [J]. Physics Letters A, 1980, 76 (3): 201 -204.

[13] Bialas W, Karwan M. On two - level optimization [J]. IEEE Transactions on Automatic Control, 1982, 27 (1): 211 -214.

[14] Bard J F. Optimality conditions for the bilevel programming problem [J]. Naval Research Logistics (NRL), 1984, 31 (1): 13 -26.

[15] Parker M M, Trainor H E, Benson R J. Information strategy and economics [M]. London: Prentice - Hall. Inc, 1989.

[16] Davis F D. Perceived usefulness, perceived ease of use, and user acceptance of information technology [J]. MISQuarterly, 1989: 319 -340.

[17] Wen U P, Huang A D. A Simple Search Method to Solve the Mixed Integral Linear Bi - level Programming [J]. Journal of the Operational Research Society, 1991, 42 (2): 125 -133.

[18] Trigeorgis L. Anticipated competitive entry and early preemptive investment in deferrable projects [J]. Journal of Economics and Business, 1991, 43 (2): 143 -156.

[19] Smit H T J, Ankum L A. A real options and game - theoretic approach to corporate investment strategy under competition [J]. Financial Management, 1993: 241 -250.

[20] Vicente L, Savard G, Júdice J. Descent approaches for quadratic bi - level programming [J]. Journal of Optimization Theory and Applications, 1994, 81 (2): 379 -399.

[21] Rogers E M. Diffusion of innovations [M]. New York City: The Free Press, 1995.

[22] Kenndy J, Eberhart R C. Particle swarm optimization, Proceedings of

IEEE international conference on neural networks [J]. Perth, Australia 1995 (4): 1942 - 1948.

[23] Wen U P, Huang A D. A simple tabu search method to solve the mixed - integer linear bilevel programming problem [J]. European Journal of Operational Research, 1996, 88 (3): 563 - 571.

[24] Grenadier S R. The strategic exercise of options: Development cascades and overbuilding in real estate markets [J]. The Journal of Finance, 1996, 51 (5): 1653 - 1679.

[25] Saaty T L. According to the Size of Each Industrial Sector's Contribution to the National Welfare for Electric Power Distribution [M]. 1997.

[26] Audet C, Hansen P, Jaumard B, et al. Links between linear bilevel and mixed 0 - 1 programming problems [J]. Journal of optimization theory and applications, 1997, 93 (2): 273 - 300.

[27] Kennedy J, Eberhart R C. A discrete binary version of the particle swarm algorithm [C] //Systems, Man, and Cybernetics, 1997. Computational Cybernetics and Simulation. 1997 IEEE International Conference on. IEEE, 1997 (5): 4104 - 4108.

[28] Jones M C, Beatty R C. Towards the development of measures of perceived benefits and compatibility of EDI: a comparative assessment of competing first order factor models [J]. European Journal of Information Systems, 1998, 7 (3): 210 - 220.

[29] Mirani R, Lederer A L. An instrument for assessing the organizational benefits of IS projects [J]. Decision Sciences, 1998, 29 (4): 803 - 838.

[30] Shi Y, Eberhart R C. Empirical study of particle swarm optimization [C] //Evolutionary Computation, 1999. CEC 99. Proceedings of the 1999 Congress on. IEEE, 1999, (3): 1945 - 1950.

[31] Benaroch M, Kauffman R J. A case for using real options pricing analysis to evaluate information technology project investments [J]. Information Systems

Research, 1999, 10 (1): 70 -86.

[32] Ryan S D, Harrison D A. Considering social subsystem costs and benefits in information technology investment decisions: a view from the field on anticipated payoffs [J]. Journal of Management Information Systems, 2000, 16 (4): 11 - 40.

[33] Benaroch M, Kauffman R J. Justifying electronic banking network expansion using real options analysis [J]. MIS Quarterly, 2000, 24 (2): 197 - 225.

[34] Jiye H, Guoshan L, Shouyang W. A new descent algorithm for solving quadratic bilevel programming problems [J]. Acta Mathematicae Applicata Sinica (English Series), 2000, 16 (3): 235 -244.

[35] Graham J R, Harvey C R. The theory and practice of corporate finance: evidence from the field [J]. Journal of Financial Economics, 2001, 60 (2): 187 -243.

[36] Bhattacherjee A. Understanding information systems continuance: an expectation - confirmation model [J]. MIS Quarterly, 2001, 25 (3): 351 -370.

[37] Lee J W, Kim S H. An integrated approach for interdependent information system project selection [J]. International Journal of Project Management, 2001, 19 (2): 111 -118.

[38] AlHarbi K M A S. Application of the AHP in project management [J]. International Journal of Project Management, 2001, 19 (1): 19 -27.

[39] Irani Z. Information systems evaluation: navigating through the problem domain [J]. Information & Management, 2002, 40 (1): 11 -24.

[40] Clerc M, Kennedy J. The particle swarm - explosion, stability, and convergence in a multidimensional complex space [J]. IEEE Transactions on Evolutionary Computation, 2002, 6 (1): 58 -73.

[41] Dempe S. Annotated bibliography on bilevel programming and mathematical programs with equilibrium constraints (English summary) [J]. Optimization,

2003, 52 (3): 333 - 359.

[42] Thijssen J J J, Huisman K J M, Kort P M. Strategic investment under uncertainty and information spillovers [M]. Tilburg University, 2001.

[43] Trelea I C. The particle swarm optimization algorithm: convergence analysis and parameter selection [J]. InformationProcessing Letters, 2003, 85 (6): 317 - 325.

[44] Fama E F, French K R. The capital asset pricing model: theory and evidence [J]. The Journal of Economic Perspectives, 2004, 18 (3): 25 - 46.

[45] Bernroider E W N, Stix V. Profile distance method: a multi - attribute decision making approach for information system investments [J]. Decision Support Systems, 2006, 42 (2): 988 - 998.

[46] Sun Y, Kantor P B. Cross - Evaluation: a new model for information system evaluation [J]. Journal of the Association for Information Science and Technology, 2006, 57 (5): 614 - 628.

[47] Bernroider E W N, Stix V. Profile distance method: a multi - attribute decision making approach for information system investments [J]. Decision Support Systems, 2006, 42 (2): 988 - 998.

[48] Chou T Y, Seng - cho T C, Tzeng G H. Evaluating IT/IS investments: a fuzzy multi - criteria decision model approach [J]. European Journal of Operational Research, 2006, 173 (3): 1026 - 1046.

[49] Chen Y, Liang L, Yang F, et al. Evaluation of information technology investment: a data envelopment analysis approach [J]. Computers & Operations Research, 2006, 33 (5): 1368 - 1379.

[50] XIAO Y, ZHANG Z. Design and realization of management information system based on power builder version MIS auto - update [J]. Technological Development of Enterprise, 2006, (3): 15.

[51] Dardan S, Busch D, Sward D. An application of the learning curve and the nonconstant - growth dividend model: IT investment valuations at intel® corpora-

tion [J]. Decision Support Systems, 2006, 41 (4): 688 - 697.

[52] Tuy H, Migdalas A, Hoai - Phuong N T. A novel approach to bi - level nonlinear programming [J]. Journal of Global Optimization, 2007, 38 (4): 527 - 554.

[53] Limayem M, Hirt S G, Cheung C M K. How habit limits the predictive power of intention: the case of information systems continuance [J]. MIS Quarterly, 2007, 31 (4): 705 - 737.

[54] Ngwenyama O, Guergachi A, McLaren T. Using the learning curve to maximize IT productivity: a decision analysis model for timing software upgrades [J]. International Journal of Production Economics, 2007, 105 (2): 524 - 535.

[55] Ngwenyama O, Guergachi A, McLaren T. Using the learning curve to maximize IT productivity: a decision analysis model for timing software upgrades [J]. International Journal of Production Economics, 2007, 105 (2): 524 - 535.

[56] Dewan S, Shi C, Gurbaxani V. Investigating the risk - return relationship of information technology investment: firm - level empirical analysis [J]. Management Science, 2007, 53 (12): 1829 - 1842.

[57] Benaroch M, Jeffery M, Kauffman R J, et al. Option - based risk management: a field study of sequential information technology investment decisions [J]. Journal of Management Information Systems, 2007, 24 (2): 103 - 140.

[58] Bhattacherjee A, Perols J, Sanford C. Information technology continuance: a theoretic extension and empirical test [J]. Journal of Computer Information Systems, 2008, 49 (1): 17 - 26.

[59] Paxson D A, Melmane A. Multi - factor competitive internet strategy evaluation: search expansion, portal synergies [J]. Journal of Modelling in Management, 2009, 4 (3): 249 - 273.

[60] Azadeh A, Keramati A, Songhori M J. An integrated Delphi/VAHP/DEA framework for evaluation of information technology/information system (IT/IS) investments [J]. The International Journal of Advanced Manufacturing Technology,

2009, 45 (11 - 12): 1233 - 1251.

[61] Mittal N, Nault B R. Investments in information technology: indirect effects and information technology intensity [J]. Information Systems Research, 2009, 20 (1): 140 - 154.

[62] Ma T, Grubler A, Nakamori Y. Modeling technology adoptions for sustainable development under increasing returns, uncertainty, and heterogeneous agents [J]. European Journal of Operational Research, 2009, 195 (1): 296 - 306.

[63] Fan Y, Zhu L. A real options based model and its application to China's overseas oil investment decisions [J]. Energy Economics, 2010, 32 (3): 627 - 637.

[64] Besanko D, Doraszelski U, Lu L X, et al. On the role of demand and strategic uncertainty in capacity investment and disinvestment dynamics [J]. International Journal of Industrial Organization, 2010, 28 (4): 383 - 389.

[65] Bensoussan A, Diltz J D, Hoe S R. Real options games in complete and incomplete markets with several decision makers [J]. SIAM Journal on Financial Mathematics, 2010, 1 (1): 666 - 728.

[66] Lu Y, Ramamurthy K. Understanding the link between information technology capability and organizational agility: an empirical examination [J]. MIS Quarterly, 2011, 35 (4): 931 - 954.

[67] Kohli R, Devaraj S, Ow T T. Does information technology investment influence a firm's market value? a case of non - publicly traded health - care firms [J]. MIS Quarterly, 2012, 36 (4).

[68] Zhang H, Zhou J, Zhang Y, et al. Short term hydrothermal scheduling using multi - objective differential evolution with three chaotic sequences [J]. International Journal of Electrical Power & Energy Systems, 2013, 47 (1): 85 - 99.

[69] Martzoukos S H, Zacharias E. Real option games with R&D and learning spillovers [J]. Omega, 2013, 41 (2): 236 - 249.

[70] Bard J F. Practical bilevel optimization: algorithms and applications

[M]. Berlin: Springer Science & Business Media, 2013.

[71] Daming Y, Xiaohui Y, Wu D D, et al. Option game with poisson jump process in company radical technological innovation [J]. Technological Forecasting and Social Change, 2014, 81 (1): 341 –350.

[72] Arshanapalli B, Nelson W. Using quantile regressions to examine the capital structure decision of us firms [J]. International Journal of Business & Finance Research, 2014, 8 (5): 1 –8.

[73] Wu L, Chen J L. A stage –based diffusion of IT innovation and the BSC performance impact: a moderator of technology – organization – environment [J]. Technological Forecasting and Social Change, 2014 (88): 76 –90.

[74] Lian J W, Yen D C, Wang Y T. An exploratory study to understand the critical factors affecting the decision to adopt cloud computing in Taiwan hospital [J]. International Journal of Information Management, 2014, 34 (1): 28 –36.

[75] Huang B, Cao J, Chung H. Strategic real options with stochastic volatility in a duopoly model [J]. Chaos, Solitons & Fractals, 2014 (58): 40 –51.

[76] Lukas E, Welling A. On the investment – uncertainty relationship: a game theoretic real option approach [J]. Finance Research Letters, 2014, 11 (1): 25 –35.

[77] 马克·波拉特著，李必祥，钟华玉．信息经济论［M］．长沙：湖南人民出版社，1987.

[78] 张志檩．企业信息化使用指南［M］．北京：中国石化出版社，1997.

[79] 左美云．知识经济的支柱：信息产业［M］．北京：中国人民大学出版社，1998.

[80] 盛昭瀚．主从递阶决策论［M］．北京：科学出版社，1998.

[81] 侯炳辉．企业信息化领导手册［M］．北京：北京出版社，1999.

[82] 向丽，顾培亮．双层多目标线性规划问题的一个算法［J］．系统工程与电子技术，1999，21（10）：82 –85.

［83］梁滨．企业信息化的基础理论与评价方法［M］．北京：科学出版社，2000.

［84］安瑛辉，张维．期权博弈理论的方法模型分析与发展［J］．管理科学学报，2001，4（1）：38－44.

［85］杨明，李楚霖．不确定竞争市场投资决策［J］．经济数学，2002，19（2）：10－14.

［86］滕春贤，李智慧．二层规划理论与应用［M］．北京：科学出版社，2002.

［87］唐振鹏．基于期权博弈理论的企业技术创新投资决策研究［D］．武汉：武汉理工大学，2003.

［88］朱德渊．基于期权博弈的四川省3G项目投资决策分析［D］．成都：西南财经大学，2004.

［89］王梅英，王玮．信息化对区域经济影响的数理分析［J］．数理统计与管理，2004，23（2）：41－68.

［90］倪明，徐福缘．企业信息化的第五种模式［J］．企业管理，2004（9）：101－102.

［91］夏晖，曾勇．不完全竞争环境下不对称企业技术创新战略投资［J］．管理科学学报，2005，8（1）：30－41.

［92］左美云，陈蔚珠，胡锐先．信息化成熟度模型的分析与比较［J］．管理学报，2005，2（3）：341－346.

［93］蔡永明，关忠良，马红．企业信息化投资的双随机变量实物期权应用［J］．清华大学学报：自然科学版，2006，41（S1）：909－913.

［94］刘听，李清，陈禹六．考虑学习效应的合作过程构建方法研究［J］．计算机集成制造系统，2006，12（5）：659－664.

［95］王里克，舒华英．实物期权与传统投资决策理论的对比评价［J］．科技和产业，2006，6（10）：45－53.

［96］王广民，王先甲，万仲平，等．二层线性规划的自适应遗传算法［J］．应用数学和力学，2007，28（12）：1433－1440.

[97] 汪淼军，张维迎，周黎安．企业信息化投资的绩效及其影响因素：基于浙江企业的经验数据［J］．中国社会科学，2007（6）：81－93.

[98] 程扬，张洁，瞿兆荣．企业信息化绩效评估体系及其评价方法［J］．计算机工程，2007，33（2）：270－273.

[99] 李超．企业信息化绩效评价指标体系构建［J］．商业时代，2007（29）：50－51.

[100] 朱泽民，陈琛．中小企业信息化建设模式的分析与比较［J］．企业技术开发，2008，27（1）：77－79.

[101] 陈建龙，胡磊，于嘉．国内外宏观信息化测度的发展历程及比较研究［J］．情报科学，2008，26（9）：1432－1436.

[102] 童昱，李姚矿．投资时机选择中的期权博弈分析［J］．合肥工业大学学报（自然科学版），2008，31（5）：759－762.

[103] 王汉斌，齐玥，李忱肸．管理信息系统投资决策评价方法分析［J］．工业技术经济，2009，28（4）：92－96.

[104] 张聪慧．企业信息化投资决策风险管理与效益研究［D］．天津：天津大学，2009.

[105] 傅传锐．基于智力资本的企业价值评估研究［D］．厦门：厦门大学，2009.

[106] 朱广印．管理者过度自信与企业决策相关研究述评［J］．会计师，2010（1）：107－109.

[107] 马慧，杨一平．企业信息化能力成熟度关键模型研究［J］．经济与管理研究，2010（1）：73－78.

[108] 孙静华．基于资源互补的企业信息化投资决策研究［D］．成都：西南财经大学，2010.

[109] 雷淑琴．基于期权理论的实物期权价值分析［J］．财会通讯，2011（2）：95－97.

[110] 刘红霞，周永全．一种基于模式搜索算子的人工萤火虫优化算法［J］．小型微型计算机系统，2011（10）：2130－2133.

[111] 楼润平，薛声家 . ERP 与公司盈利绩效：来自沪深上市公司的经验证据 [J]. 系统工程理论与实践，2011，31 (8)：1460 - 1469.

[112] 杨一平，马慧 . 企业信息化能力成熟度研究 [M]. 北京：人民邮电出版社，2011.

[113] 楼润平，薛声家，杨德锋 . 信息系统培训成本与咨询成本决策优化 [J]. 系统管理学报，2011 (4)：142 - 156.

[114] 王印红 . IT 生命周期对企业信息化投资决策的影响分析 [J]. 统计与决策，2011 (2)：186 - 188.

[115] 楼润平，薛声家，杨德峰 . 信息系统与企业价值关系的实证研究 [J]. 科研管理，2012，1 (33)：18 - 27.

[116] 乔红 . 低碳理念下信息化评价模型的研究 [D]. 北京：首都经济贸易大学，2012.

[117] 阳军，孟卫东，熊维勤 . 不确定条件下最优投资时机和最优投资规模决策 [J]. 系统工程理论与实践，2012，32 (4)：752 - 759.

[118] 陈雄强 . 分位数自回归模型理论与应用研究 [D]. 天津：南开大学，2013.

[119] 刘茂长，鞠晓峰 . 基于 TOE 模型的电子商务技术扩散影响因素研究 [J]. 信息系统学报，2013，6 (11)：13 - 30.

[120] 杜晓君，杨雷 . 基于主成分分析法的制造业信息化绩效聚类分析：以沈阳为例 [J]. 东北大学学报：自然科学版，2013，34 (7)：1053 - 1056.

[121] 杨静，刘卫京，张宁，等 . 投资决策中对实物期权的应用分析 [J]. 中国总会计师，2013 (2)：89 - 91.

[122] 陈巍巍，张雷，陈世平，等 . 信息化绩效评估的指标体系框架研究 [J]. 科研管理，2013，12 (34)：259 - 264.

[123] 陈勇 . 可持续升级的企业信息化战略研究 [D]. 武汉：华中科技大学，2014.

[124] 张汉波 . 技术创新投资决策的期权博弈研究 [D]. 太原：中北大学，2014.

[125] 陈渝，毛姗姗，潘晓月，等．信息系统采纳后习惯对用户持续使用行为的影响［J］．管理学报，2014，11（3）：408－415.

[126] 陈艳，马宝琛，汤泉．信息化企业评价指标体系的构建与应用［J］．华东电力，2014，42（11）：2432－2435.

[127] 傅祖壇．台湾高等教育院校之学校品质、经营效率与最适规模分析［J］．教育科学研究期刊，2014，56（3）：181－213.

[128] 郑大庆，李俊超，黄丽华．"3Q"大战背景下的软件持续使用研究：基于修订的"期望－确认"模型［J］．中国管理科学，2014，22（9）：123－132.

[129] 李大伟，张倩．企业信息化效益评价的十大关键［J］．中国管理信息化，2014，17（1）：61－63.

[130] 邢小强．基于实物期权的新技术投资评估与决策研究［M］．北京：中国人民大学出版社，2014.

[131] 杨安洋，杨正勇．奈特不确定条件下企业有成本可逆投资策略研究［J］．数学的实践与认识，2014，44（13）：125－136.

[132] 杨一平，马慧，张婀莉，等．企业信息化投入产出定量分析模型研究［J］．信息资源管理学报，2014，（2）：67－71.